マンガでわかる キャバクラ嬢の心得

木村進太郎

SOGO HOREI PUBLISHING Co., LTD

No.1キャバクラ嬢への

10ヶ条

1 自分自身と、自分の生き方すべてが商品力であることを自覚する

2 自分のお客様はすべて「特別な人」であると考える

3 人生と仕事に明確な目標を持つ（それを紙に書く）

4 規則正しい生活を確立する

5 健康に注意する

6 読書の習慣を持つ。言葉と心を磨く

7 同僚のキャストやスタッフ、店長とよい信頼関係をつくる

8 営業・接客はいつも明るくキッパリと

9 会話はお客様の話す（喜ぶ）ポイントをつかむことから始める

10 常にNo.1の誇りを持つ

Ten Rules

はじめに

Prologue

友人とキャバクラに行った際、友人は私のことを「この人『キャバクラの教科書』の著者だよ」と紹介することがあります。その際のキャストたちの反応は、いつもこんな感じです。


「え？　キャバクラに教科書ってあるの？」

「キャバクラに教科書がなかったから、私が書いてみたんだよ」

「どんな内容？」

「今まで自分が経験したことや友人の話を聞いて、こうやったら思わず指名してしまうとか、こんなＬＩＮＥが来たら思わずお店に行ってしまうっていう内容を、お客様目線で書いたんだよ」

「うわー！　知りたい！　教えて！」

と盛り上がります。

ところが、よし！　これでまた本が売れると思い「本を買って読んでください」と言うと、

「えー、私、活字苦手。酔っ払って家に帰って本読んでたら、眠くなっちゃうんだもん。マンガだったら読めるのに」

という回答が返ってくるケースが多いのに驚きます。


なるほど、キャバクラで働く女性の場合、同伴やアフターで、なかなか自分の時間がつくれないのに加え、ほとんど毎日お酒を飲んで帰るので、活字を読むのがイヤになってもしかたのないことなのかもしれません。

そんなおり、出版社から『キャバクラの教科書』にマンガを入れて読みやすくし

て出してみませんか？　と提案がありました。これだ！　まさにキャストのニーズに応える企画だ！　と私は即答でＯＫしました。せっかくマンガを入れるのですから、過去出版した何冊かの本すべてから重要なポイントを抜き出し、キャバクラの教科書の総集編というコンセプトで編集してもらうことにしました。そして、できあがったのが本書『マンガでわかる　キャバクラ嬢の心得』です。

本書は、お店では教えてもらえない接客ノウハウを「お客様目線」で書いてあります。私が過去20年余り、東京・大阪・名古屋・仙台と渡り歩き、見てきたキャバクラの№1キャストの接客術と、実際№1の子たちに取材し伝授頂いた様々なケースでの接客ノウハウをエッセンスとして詰め込んでいます。キャバクラのお客はすべて男性ですので、キャストの仕事は男心を知るところからスタートします。本書を読むことで「え！　男ってこんなことで喜ぶの？」「男ってこんなこと考えてるんだ！」と気づいてもらえると思います。

キャバクラで働くキャストの皆さんは、さまざまな夢を持っています。お金を貯めてブティックやペット・ショップを開こうと考えている子。クラブやラウンジのオーナーになろうと思っている子。他にもさまざまな夢をもってキャバクラで働いているると思います。本書がキャバクラで夢をかなえようと思うあなたにとって、少しでも手助けになれば幸いです。

木村進太郎

2016年12月吉日

Chapter 3

お客様を〝私〟中毒にさせる秘密の接客術

Chapter 4

稼ぐキャストのお客様の育て方

登場人物紹介

はるか（22歳）

No.1キャスト。お店一の稼ぎ頭。入店から半年でNo.1に駆けあがったカリスマキャスト。彼女に会うために、毎日たくさんのお客様が来店する。

かおる（20歳）

入店8ヶ月めのキャスト。はるかさんを見習って稼げるキャストを目指して努力中！

Chapter

1

「夢」をかなえるキャストに必要なこと

キャバクラは「夢」をかなえる場所

皆さんは、キャバクラやキャバクラで働く女性に対して、どのようなイメージをお持ちでしょうか。「色々な欲がうずまく怖い仕事」「お金を楽して稼ぎたいと思っている女性」と悪いイメージを抱いている方もいらっしゃるかもしれません。

しかし、**キャバクラの「夢」は、皆さんが思っているよりも広く、奥深いものなのです。**

接客する女性たちは、年齢も出身地も性格もさまざま。学生や、タレントやモデルの勉強をしながら働く子、ミュージシャンやカメラマン、作家をめざしている子もいます。昼間は会社で働いているＯＬや看護師、アパレル店員などもいます。

もちろんキャバクラだけで働く子も、それ以上にたくさんいます。なかには、「てっとり早くたくさんお金がもらえて、好きなものが買えるから」という動機で、この世界に入っている人も多いでしょう。

キャバクラでは接客する女性のことを「**キャバクラ嬢**」あるいは「**キャスト**」と呼びます。なかには、月に200～300万円（ときにはそれ以上）もの収入を得、億万長者となってリッチな後半生を送っている子もいます。

また、稼いだお金で自ら経営者となる人、好きなことをして人生を楽しむ人、接客する喜び・人に喜んでもらえる快感が忘れられなくてお店を持つ人もいます。

お客様に支持されて、スカウトの目にとまり、人気タレントとして活躍する子もいます。

もちろん恋愛は自由です。お客様の中に「この人」という人を見つけ、結ばれる人もいます。ＩＴ系の起業家たちやプロスポーツ選手など、華やかな世界の人たちと幸福な結婚をする人、そのような世界の人ではなく、誠実で優しくて頼りがいのある一般人のパートナーを見つける人もいます。

さまざまな人がいて、さまざまな動機がある。
そして、さまざまな夢が毎日かなう場所。
それが、いま若い女性の憧れの職場、キャバクラなのです。

男性がキャバクラへ通う本当の理由

働くキャストと同じく、お客様もキャバクラに「夢」を抱いてやって来ます。お客様の「夢」とはなんでしょうか。何を求めてキャバクラへ来るのでしょうか。

その理由は大きく2つあります。

❶ 楽しい時間を過ごしたい

すてきな子、かわいい子と会話できるということ自体、ふだんの生活では難しいことです。それがキャバクラでは、たった1万円や2万円のお金を出すことによってかなえられるのです。これも男性の一つの「夢」の実現と言えます。

❷つき合ったり、エッチがしたい

また、そんなすてきな子たちとエッチしたり、つき合えるようなことにでもなれば、天にも昇ったような気持ちです。簡単に実現するはずはありませんが、男性は美しい獲物のスキをねらってワナを張り、攻撃をしかける生き物なのです。

これ以外にもさまざまな夢を抱いて、お客様はキャバクラに足を運びます。

これらを**楽しくかわしてあげ、「もっと努力しなさい」とかわいげをもって賢くお客様を育てていくのが、キャバクラのキャストに負わされた一つの役割です。**

そうしているうちにお客様は、かわいいキャストに元気づけられたり、勇気づけられたりしていくのです。

人は誰しも、生活や仕事のなかで悩み苦しみながらも、自身を成長させていきたいと思っています。

お客様自身は意識していないことが多いのですが、すばらしいキャストと出会って会話を楽しみ、駆け引きをしていると、**「もっと、いい男にならなければ恥ずかしい」**ということに気づき、仕事に対するやる気が出てきたりするのです。

つまり、男の本領である「実力」をつけることが大切だと気づき始めるのです。

これを自然と気づかせることができるのが、一流のキャストと言えます。

そして、このやりとりと過程がまさに、男性がキャバクラに求める「夢」の正体なのです。

お客様に愛されるキャストとは？

キャバクラで「稼げる子になる」とは、お客様の人気があり、指名や同伴がたくさんとれるキャストになるということです。

それは、**「お金を払うだけの価値があるキャストになる」**ということであり、稼ぐ額が大きければ大きいほど、お客様に大きな喜びを与えていることにもなります。また、お店を儲けさせ、そこで働くボーイやマネージャー、そして経営者を喜ばせていることでもあります。

厳しい言い方をすれば、魅力のない子には指名も同伴もない、つまり、それだけの価値しかないということなのです。

では、自分の魅力や価値というのは、どうやって生み出すのでしょうか。

方法は2つあります。

❶ 自分の長所を理解し活かす接客をする

実は、稼いでいるキャストというのは、顔のつくりやスタイルのよさなどの容姿だけでお客様に選ばれるわけではありません。**自分の特徴を活かすことや、物事に取り組む姿勢、勉強することから生まれる心や性格からにじみ出てくるものを武器にしているのです。**

キャバクラの世界では、劣等感は不要です。そんなものはすぐに捨ててしまいましょう。

たとえば、自分は話すのが好きというのなら、その部分を伸ばします。話すのは少し苦手だけれど、人の話を聞くのが上手というのなら、お客様が話したくなる工夫をするのです。笑顔に自信があるとか、手のマッサージが得意とか、占いがプロ並みというのであれば、それを武器にお客様を楽しませるのもよいでしょう。

店にもそれぞれ個性があります。

六本木には、胸の大きな子を集めた人気のキャバクラがあります。また、東北や北海道など地方から女の子をスカウトしてきて、素朴な魅力を売りにした人気の店もあります。自分がどのような店で働けば、個性を発揮できるのかを考えるのもよいでしょう。

❷ 相手を前向きにし、元気を与える接客をする

新宿の某キャバクラで数年以上も№1と呼ばれている(日本一とも言われている)キャストは、小柄でスタイルもふつうです。

しかし、お客様に元気を与えるオーラを発し続けているのが会ってみるとよくわかります。

名古屋の人気キャバクラの№1のキャストは、身長170センチメートル以上もある大柄な女性です。背の高い女性を避けたがる男性は少なくありませんが、この子には指名が集中します。彼女の魅力は、容姿よりも「ひたすら前向きな会話」と

「生きる姿勢」にあるからです。

自分の魅力を高め、価値を高めることは、稼ぐためにも、そして夢の実現のためにも大切であることを忘れずにいてください。

あの…
はるかさん。
「自分の魅力」って
なんだと考えて
いますか？
聞き上手……かな
かおるちゃんは？
うーん…
大食い？
それは「特技」だと思う。

稼ぐキャストの目標の立て方

キャストとしてキャバクラで働いているうちに、人によって稼ぎにだんだん差がついてきます。これは、決して容姿の差ではありません。

稼ぐキャストは、目標に対して3つのことを心がけているのです。

❶「目標」を書いて、常に意識する

目標を手帳やカードなどに書いて、常に自分の目に触れるようにします。
1日1回くらい確認することで、自分の頭と心に強い指針ができます。

❷目標を「人生の目標」・「長期目標」・「短期目標」に分ける

目標は、人生・長期・短期の順に3つに分けて立てるとよいでしょう。

まず人生の目標とは、「億万長者になる」とか「クラブのオーナーになる」とか「すてきな結婚生活を送る」といった大きな目標です。

長期目標は、何歳までにどのくらいのことをやるとか、いくら貯金するとか、何歳まで働くかなどです。

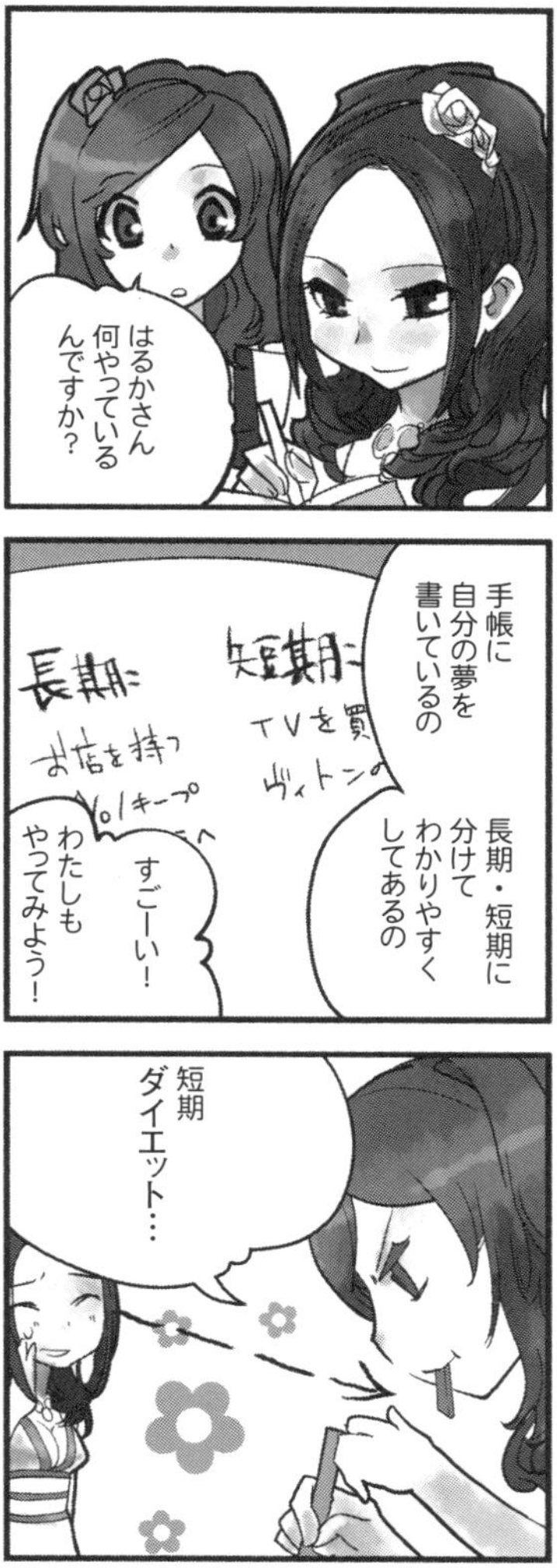
はるかさん何やっているんですか？
手帳に自分の夢を書いているの
短期に
TVを買
ヴィトンの
長期に
お店を持つ
No.1キープ
長期・短期に分けてわかりやすくしてあるの
すごーい！
わたしもやってみよう！
短期ダイエット…

そして、短期目標は1年や1ヶ月ごとの目標です。たとえば、「月に指名をどのくらいとるか」といったことなどです。

❸目標の達成度を定期的にチェックして反省する

立てた目標に届かないときは、その原因を探り、対策を立てます。これをやるだけで、大きな力をつけていくことができます。

アメリカの有名な格言に「目標のない人は、結局、目標のある人に使われる」というものがあります。それほど「目標」の持つ力は大きいのです。

お客様に愛されるキャストの自己管理術

キャストの魅力の一つは「華やかさ」ですが、それに加え「明るさ」「元気さ」も大きな魅力です。これらを支えるのが、健康的な心と体です。

健康管理を怠り、体を壊しながら働いていると、心も反応して落ち込みがちになり、お客様に対してもよい気持ちで接することができなくなります。

ですから、ここで健康管理の基本を確認しておきましょう。

❶ タイムスケジュールをつくる

何時までに寝て何時には起きる、休日や仕事はどの間隔で入れるかなど、無理のないタイムスケジュールをつくります。

もちろん、アフターをするかもしれませんし、同僚のキャストや友人たちと飲みに行くこともあるかもしれません。それはかまわないのですが、度を越さないよう注意しましょう。時間を考えつつ行動する習慣をつけることが大切なのです。

❷ 食事のバランスに気をつける

お客様や同僚、友人たちと食事に行くなど、キャバクラで仕事をしていると、どうしても外食が多くなり、食事内容が偏りがちです。お客様との同伴やアフターのときなども、食べるものには気をつけたいものです。

❸ 自分に必要なサプリメントを見つける

サプリメント（健康補助食品）は現在、かなりの種類が出回っています。その中から自分に必要なサプリメントを選び、とることを習慣化するとよいでしょう。

基本となるのは、ビタミンCなどの**ビタミン類**です。それに、肌のツヤと元気さを保つための**コラーゲン**や**プラセンタ**などを加えてもよいでしょう。自分に必要なものをいろいろと研究してみてください。

❹ 1日30分は歩く

人間の体は、歩くことによって健康が維持されるようにつくられています。歩くことでスタイルがよくなりますし、もちろんダイエットにも最適です。また、歩いて脳が刺激されることで、会話のリズムがよくなったり、気の利いた受け答えをすることができるようになるのです。出勤前の買い物のときや出勤時など、前もって歩く時間を決めておくとよいでしょう。

10代、20代は、健康面では実はかなり危険が多いのが事実です。それは、短期間なら多少健康管理を怠ったところで、若さと体力で何とかカバーできるからです。しかし、それが続くといずれ支障をきたします。

血色のよい顔の色、肌のツヤや張りなどは若い女性の特権です。体が健康でないと台無しになってしまいます。

「夢」をかなえるキャストに必要な3つのこと

キャバクラにはいろいろな人が集まります。店に来るお客様はこちらが選ぶことはできません。

世の中には、人を振り回すことを生きがいにしている人、人の心を傷つけることを自分の存在価値にしている人、人を追っかけ回すのを楽しむ人、人に心配をしてもらいたくてウズウズしている人など……。本当にさまざまな困った人がいます。

同じように、キャバクラで働いている女の子やスタッフにもいろいろな人がいます。キャバクラでは、このような人たちとうまくやっていかなければ仕事になりません。心が弱いとすぐに相手や周囲に飲み込まれ、なかには心身ともにボロボロになってしまう子もいます。

ですから、**必要になるのは、自分の心を強くすることなのです。**

何も怖がる必要はありません。次の3つのことを心がけていれば、自分を守ることができます。

❶ よい友人、よい相談相手を見つける

イヤなこと、大変なこと、トラブルなどを相談できる人を見つけ、ふだんから大事につき合っておくことが必要です。店のスタッフやマネージャーの中にも、いざというときに助けてくれる相談相手を見つけておいたほうがよいでしょう。

❷ イメージトレーニングで自信をつける

イメージトレーニングはどの世界でも大切です。

時間があるときに1人で「自分は大丈夫。どんな問題でも乗り越えていく。幸せになっていく。そして、幸せな人生をいま満喫している」というイメージを頭のなかに描きます。あるいは、「よいお客様と会話して喜んでもらい、自分も笑顔いっぱいで仕事をしている姿」をイメージします。

❸自分を強くする言葉を見つける

人は言葉で創られます。心を言葉が育てていくのです。ですから、心を強くするには、自分が強くなると思える言葉を用いるとよいのです。自分に必要な「よい言葉」を見つけて、手帳などに書き抜いておきましょう。

お客様のフィーリングを感じ取るアンテナのはり方

お客様にとって何がうれしいかというと、それは自分のフィーリングを察知してくれる女の子と出会い、話ができることです。

自分の話に楽しげに反応してくれる感受性が豊かなキャストであれば、延長もしたくなるし、同伴もしたくなるものなのです。

「人は言葉で創られていく」と先ほど述べましたが、人は言葉で人間関係をつくっていきます。

ですから、お客様を喜ばせ売上をあげるためには、それにふさわしい言葉や話題を扱うようにすべきなのです。

そのために一番よい方法が、**本を読む習慣をつけること**です。

とりあえずは推理小説やエッセイ、恋愛ものなど、なんでもよいでしょう。

読書することが習慣になってくると、自分の次のステップのためとか、心の肥やしにするためとか、必要に応じて自分から本を探すようになっていくからです。

読書に加え、おすすめしたいのが**映画**と**音楽**です。映画を観たり音楽を聴いたりすることは、接客時の話題を豊富にするだけでなく、人としての感受性を豊かにします。

お客様に喜びを与えるキャストとして、ぜひ「読書」「映画」「音楽」には、常に関心を持っていてほしいものです。

「できる人」が大切にしている仕事の基本

「できる人」というのは、一般的に「仕事ができる人」のことを言います。
キャバクラで働くうえでも、できる人になる一般原則は学んでおく必要があります。

❶ 時間を守る、遅刻をしない

時間を守ること、遅刻をしないことは、仕事の基本中の基本です。

❷ 礼儀正しく、あいさつがきちんとできる

「おはようございます」「お疲れさまです」「ありがとうございます」「申し訳ござい

ません」を気持ちよく、はっきりと言えるようにしましょう。頭もきちんと下げることが大切です。

❸報告・連絡・相談を忘れない

仕事にトラブルはつきものです。何か問題を見つけたり起こしたりした場合は、報・連・相をスタッフやマネージャー、店長にすみやかにしなくてはなりません。放っておくと事態はますます悪くなります。

❹学ぶことを忘れない

どんな仕事でも、最初からできる人はあまりいません。大切なのは、よいお客様に教わる、スタッフに教わる、先輩にたずねるなどの謙虚な姿勢です。

「できる人」は、自分の仕事について勉強を怠りません。ここでの勉強とは、学校でやるような試験のための勉強ではありません。ポイントを稼ぎ、売上をあげていくための、働く人としての人生の勉強です。

❺「できる人」のマネから始める

早く「できる人」になるための大鉄則は、「できる人」のマネをすることです。

まず、自分が目指すキャストを見つけ、その人のすべてをマネしましょう。No.1になるためには、No.1のマネをし、学ぶことから始めるのです。

そして、自分の仕事のレベルが上がってきたら、自分らしい面を磨いていくのです。

❻心を込めて仕事をする

人に言われたからではなく、自分から進んで積極的に心を込めて仕事をするのです。

アメリカの有名な成功法則開発者の1人、エルバート・ハバードは言います。

「心を込めて仕事をしなさい。そうすればあなたは必ず成功する。なぜなら、そういう人はほとんどいないからである」と。

ひょっとすると、「できる人」になるためには、このことが一番大切かもしれません。

スタイルがズバ抜けてよいわけでも、ルックスがすばらしいわけでもないのに、人気がありお店の№１になっていく子とは、そのようなキャストなのです。

知っておきたい キャバクラのお給料のしくみ

お店によって給与システムは違いますが、多くのお店で採用しているのが「**ポイント制**」です。

これは、その**キャストが稼いだポイントに応じて、時給が変動する制度**です。ポイントが高ければ高いほど時給も高くなります。

キャバクラの料金システムは、基本的に時間制（セット料金）で、セットの時間は50分・60分・90分など、店により異なります。入店時間によって1セットの料金が変わることもあり、遅い時間になるほど高くなる傾向があります。

また、入店時にお客様が女の子を指名すると、セット料金のほかに指名料がかかりますが、ポイント制度は、この指名に対するポイントによって給与が決定することを言います。

この指名がポイント制度の根幹になります。

「本指名」というのは、お客様が指名する子を決めて来店し、実際に指名することです。「場内指名」は、店に入って途中で女の子を指名することですが、本指名1ポイントに対して0・5ポイントとして扱われるのがふつうです。あとは、同伴ポイント（お客様とキャストが一緒に店に入ることで得られる）、ボトルポイント（お酒をボトルで買って飲んでもらうことで得られる）などがあります。

ポイントの締め（クール）はお店によって月単位、2週間（半月）単位、10日単位、1週間単位とさまざまです。それはお店の経営戦略ですので、途中での変更もあります。また、1クールの単位によって営業戦略が変わるのも当然のことです。そして、キャストにとって大切なのは収入と順位です。一番望ましいのは、毎クール高レベルで同じくらいのポイントを稼ぎ、収入が毎クール同じであることです。

Chapter 2

お客様を見極めて売上アップするコツ

お客様に口説かれたら？

キャバクラのキャストであろうと、恋愛をして悪いはずがありません。

この世の中には、男性と女性がいて、その恋愛と性的欲求へのエネルギーが社会の原動力にもなるのです。

ですから、男性もよい女性を探しにキャバクラに通うのであり、キャバクラはそのような意味で、社会原動力となるエネルギーを生むための男女の恋愛の場として存在しているとも言えます。


店に来るお客様とつき合いたい！　という人は、実際は少数派かもしれません。

お客様とセックスはしても、本当の恋愛まで発展することもそれほど多くないでしょう。

しかし、なかにはお客様とよい恋愛をして磨かれる人、あるいは最後は結婚していくという人もいます。「お客様との恋愛はダメ」とは一概には言えません。

では、もしお客様と恋愛をする場合、女性としてどんな男性とつき合うべきなのでしょうか。

それは、自分の仕事に夢を持ち、手を抜いていない男性です。あなたの仕事のがんばりに対して理解と励ましができ、お互いのよいところを見つけ合って、育てていこうとする人です。

よい仕事をするキャスト、売上をあげるキャストは、恋愛の相手を選ぶ目も持っています。「よい恋愛」が仕事にも人生にも意欲を持つことのできる刺激になるからです。

それに対して悪い恋愛をしていると、お互いを傷つけ合ったり、傷をなめ合ったりし、人生に対してやる気が失せてしまいます。

キャストとして働くうえでは、決してあわてずに、よい男を見つけることが大切なのです。

キャストが気をつけるべきお客様

キャバクラはお客様を喜ばせるためにあります。それが店の方針でもあります。しかし、前に述べたように、世の中にはいろんな人がいます。悪い人、お客様にしてはいけない人もいるのが現実です。

お店は、いくら優秀なスタッフやスゴ腕の店長がいても、そのような人たちが出入りするのをすべて阻止することはできません。

ですから、キャスト自身がそのような人を見抜くことができなければなりません。

キャストが気をつけるべきお客様としては、次のような人たちです。

❶ヤクザ・暴力団関係者

このような人たちとは、できるだけ親しくならないように、指名もほしがらず、同伴やアフターは理由をつけて断らなければなりません。このような人たちの世界にいったん入ってしまうと、抜けるのが難しくなり、受ける被害も大きくなります。売られたクスリで体と精神をボロボロにされてしまう人さえいます。

そのため、問題が起きたらマネージャーや店長にすぐ相談し、それでも解決できないときは、迷わず弁護士や警察に相談しましょう。

❷プロスポーツ選手

接客する側としては、このような人たちにあこがれる面もあるでしょう。大部分はよい人ですが、エッチすることだけしか考えていない人も多くいます。

「一流」と言われるプロスポーツ選手のほとんどは、派手な遊び方をしないものです。

❸ベンチャー企業の周辺にまとわりつく人たち

ベンチャー企業の周辺にまとわりついている人たちの中には、お金の欲にまみれた危ない人たちが多いので要注意です。もちろん、優秀な人もたくさんいるので、その点はしっかり見極めなければなりません。

❹ヒモタイプ

女の子に働かせ貢がせようとするヒモタイプの男性もいます。

さびしがりやの子、心のやすらぎを求める子、またエッチによって仕事のつらさを忘れようとする子の心のスキに入り込んでくるのです。そのようなレベルの低い層の男性とつき合う人は、キャストとしても一流にはなれないものです。

❺ストーカータイプ

好きになった女性のことしか見えなくなり、月々のおこづかいや会社の経費をキャストにつぎ込んでしまうお客様がいます。

そのような人にまとわりつかれたら、トラブルのもとになりかねません。このタイプは、やさしい言葉をかけると、誤解して受け取られることもあるので接し方には注意しましょう。

❻やつ当たりする説教魔タイプ

人は誰でも「自分は偉い」と思いがちです。しかし、現実にはそううまくいきません。その理想と現実のギャップに対するうっぷんを晴らすために、てっとり早くキャバクラで若い女の子に説教しまくるという困った人もいます。

このタイプは相手が傷ついても平気です。ですから、いちいち反応したり、真剣に受けとめて落ち込んだりしないようにしましょう。

❼エッチのことしか頭にないタイプ

エッチをしたがる人は、わかりやすければうまくかわせばよいのですが、人のよさそうなタイプを装う巧妙な人は、わかりにくいものです。このような人に簡単にひっかかってエッチしてしまうようでは、一流のキャストには絶対になれません。

❽精神の弱すぎる被害妄想タイプ

このタイプの人は感情の変化が激しく、急に元気になったり、急に落ち込んだりします。ひどい人になると、「うまくいかなかったのは、すべてあなたのせいだ」などと言い出します。このような人は指名や同伴をとりやすいかもしれませんが、避けたほうがよいでしょう。

❾すぐ体を触りたがる軽薄タイプ

すぐにキャストの体を触りたがるのは、自己コントロール力が足りない人です。会社で「エリート」と呼ばれる人にも多いので、要注意です。内面はとても弱いうえに、ケチな男がほとんどです。いかに安く、安全に、性的満足・心理的満足を得るかということを考えているのです。

気をつけるべきお客様をパターン化して説明しましたが、実際にはもっとさまざまな人がいます。キャストとしては、いかによいお客様をたくさん確保していくかが、勝負の分かれ道になります。

来店頻度でわかるお客様の特徴と接し方

さて、次は自分のお客様一人ひとりを来店頻度によってグループ分けして表にしてみましょう。

❶ Aグループ　週に2回以上来る（かなり太いお客様）
❷ Bグループ　週に1回来る（いわゆる上客）
❸ Cグループ　月に2回以上来る（ポイントを計算できるお客様）
❹ Dグループ　月に1回来る（様々な可能性を秘めているお客様）
❺ Eグループ　2~3ヶ月に1回来る（どのようにでも発展する可能性があるお客様）

あなたのお客様はどのグループが多いですか？

さらにグラフにしてみると、ピラミッド型でＤ・Ｅが多い人、逆三角形型で圧倒的にＡ・Ｂが多い人、ずんどう型ですべてのグループが平均化している人など、さまざまでしょう。

どの型がよくて、どの型が悪いというわけではありません。キャストの接客スタイルにより、この型は変わるからです。ただ、どの型にもそれぞれ気をつけなければならない点があります。

次のページから、来店頻度別のお客様の特徴を紹介します。それを知ったうえで、上手に営業できるようになりましょう。

Aグループ 経済的に余裕のあるお客様との接し方

Aグループは、キャストにとっては**非常に大きなお金を落としてくれるお客様です。**ただその分、**慎重に対応していかなければならないグループでもあります。**

まずは、経済的な観点から、このグループを分析してみると、次の4つのタイプに分かれます。

❶ 収入はふつうだが、自腹で支払っている人

週に2回以上来てくれるお客様のなかで、最も気をつけなければならないのは、このタイプの人です。

このお客様は、給料をほとんどキャバクラに注ぎ込んでいると思ったほうがよい

でしょう。経済的に余裕があると思いきや、ひょっとすると借金をして遊びに来ているのかもしれません。これは、初めてキャバクラの楽しさを知ったお客様に多いタイプです。

このタイプのお客様は大体3ヶ月から、長くて6ヶ月くらいで消えてしまいます。3ヶ月間はそのお客様にポイントを稼がせてもらえるわけですが、ある日急にそのポイントがなくなってしまうのです。

もちろん、借金してまでキャバクラで遊ぶかどうかは本人の自由ですから、そのお客様が破滅しようが破産しようが、それはキャストの責任ではありません。

ただ、破滅しない範囲で来てもらって、長いつき合いをしたほうがキャストにとっては得ということです。**無理をさせないようにあなたがコントロールしてあげることによって、よい関係をつくることが大切です。**

同伴かアフターでゆっくり話せる機会をつくり、

「あなたのことが大切だから、無理をしてほしくないの。長いつき合いをしたい

から」

と、気づかってあげましょう。この一言で男性は救われます。

そして、来店回数を減らしてもらう、もしくは来店時のセット数を減らしてもらう代わりに、1～2週間に1回くらいの割合でランチにつき合うのがベストです。

❷ 経営者ではないが、会社の経費をある程度自由に使える人

次に気をつけなければならないのが、このタイプのお客様です。

経営者ではないが経費を使えるのは、経営幹部か、接待として利用する営業マンです。会社が経営者以外に経費としてお金を使ってよいと認めるのは、会社の利益を出すために必要だからです。

毎回取引先の人間や、同じ会社の部下と来ているのであれば問題はありませんが、1人で来るようになったら要注意です。

❸自腹で支払っており、かなりの収入があると思われる人

このタイプのお客様は、上客の部類だと言えます。

このタイプのほとんどが独身です。お金も持っているので、最終的にはあなたをエッチ目的で落としたいと思っているのが本音です。ですから、相手が落ちないと思った瞬間に他の子を指名するようになるか、店を変えてしまったりして、関係が切れる可能性が高いです。

落とそうと考えている男性なら2～3ヶ月かけて勝負をしかけてくるので、その**2～3ヶ月の間に、色恋抜きのつき合いができるかどうかがカギになります**。それができずに切れてしまうお客様は、スッパリあきらめましょう。仮に1回や2回エッチをさせたとしても、やはりこのようなタイプの男性は別の店に行くものです。「長く続けば、儲けもの」くらいの気持ちでいましょう。

❹ 経営者で、かなり経費を使える人

最後に、このタイプのお客様は本当の上客です。ただし、本当のお客様にするには非常に難しいタイプです。

なぜなら、経営者である以上、ムダなものにはお金をかけないという考えが仕事で身についており、お金に対する感覚が鋭いからです。そのため、**「女」を匂わせてただ甘えるだけでは、営業に乗ってこないと思ったほうがよいでしょう。**

一方、仕事の厳しさを知っているだけに、がんばっているキャストはとことん応援してあげようというタイプが多いのも事実です。

ここで
簡単な算数をしてみましょう。
手取り29万円のお客様がいます。
彼は生活費と2万円の貯金を含むと
毎月25万円は生きるうえで必要です。
4万
25万
つまり
遊興費として使えるのは残りの
4万円ということです。
このお客様に
毎月10万円
お店で使ってもらおうとすると
毎月の貯金をやめるだけでなく
今まで貯めていたお金を出してもらう
しかありません。
そして借金をして
破たんの道へ進んだとします。
BANK
仮に
破たんするまで半年かかったとすると
お客様がお店に使った金額は
合計60万円になります。
では
毎月4万円しかお店に使わなければ
どうでしょう。
2年通ってくれたとすれば
お店に使ってくれる金額は
96万円になります。
2年後には給料が上がって
月に6万円使えるようになっているかもしれません。

Bグループ じっくり接するべきお客様

Bグループの週に1回来てくれるお客様は、週に2回以上来てくれるAグループのお客様よりキャパシティーがやや小さいお客様と考えればいいでしょう。キャストにとっては**一番計算しやすい、最良な客層**と言えます。

理想は、このグループのお客様が各曜日に数人ずついることです。ただ、お客様はキャスト側の事情を知りませんから、同じ曜日にかたまって来たり、ある曜日は全然来なかったりと、なかなかうまく行かないものです。

ただ、週に1回来てくれるお客様の場合、休みの日しか遊べないというような特別な事情を持っている人以外は、曜日をずらすことはそんなに苦にならないことが多いものです。
よって、**重なっている曜日のお客様には、思い切って曜日をずらしてもらうように言ってみましょう。**お客様も、同じお金を出すならゆっくり話のできる日に来たいと思っているはずです。

このグループのお客様に関しても、やはり経済的キャパシティーを超えていないか常に注意する必要があります。とくに、お客様が週に2回以上来るようになったときは気をつけなければいけません。

いつも忙しくてなかなかお話できなくてごめんね。
なぜかこの曜日に来るお客様が多いの。火曜とか水曜なら全然ヒマでゆっくりお話できるのに…。

きっかけをつかんで育てていきたいお客様

Cグループの月に2回以上来てくれるお客様の判断は困難です。**自分のキャパシティーに合わせて遊んでいる場合**と、本来はAグループやBグループのキャパシティーの人なのに**他の店と掛け持ちで遊んでいる場合**の、どちらかというケースが多いからです。

前者であれば、このペースで長いつき合いをしてくれれば、とてもよいお客様です。ただ、たとえ月に2回しか来なくても、お客様のほうは「自分は、この子にとって上客だ」と思っています。そのため、少しでも「ああ、自分はその他大勢の客の1人なんだ」と思われたら、そこで終わってしまうのです。

ですから、あくまでも**相手のキャパシティーを超えるような営業はしないように気をつけながら、絶えず「大切なお客様」という気持ちを込めて定期的に連絡をとりましょう。**

問題は後者、つまり他の店と掛け持ちで遊んでいるお客様です。

常にそのような遊び方をしている人であれば、自分の店1本にしぼってもらうのは難しいかもしれません。しかし、こういったお客様でも、あなたの魅力で自分1本にしてもらうようチャレンジしてみる価値はあります。

難しいのは、落とし（エッチ）目的で、あなたと他の店の子を天秤にかけているお客様です。そこで「私は落とされる気はないから」とあきらめてしまう人も多いでしょう。しかし、プロならば、**「エッチはできなくても、この子とつき合っていきたい」**と相手に思わせる方法を考えるべきです。

「月に1回来るお客様」を大切にするべき理由

実は、水商売において一番大切にしなければならないのが、Dグループの月1回来店するお客様なのです。

なぜなら、**月に1回来てくれるお客様は堅実で、計算のできるお客様**だからです。月に1回しか来ないのに、1セットだけで帰ってしまうというお客様は少ないものです。平均2セットくらいは遊んでくれるでしょう。

となると、このグループのお客様を仮に100人つくったとすれば、1人2セット平均として、月に200セット（200ポイント）は確実に見込めるということです。

このような堅実なお客様と言えるのは、次のような人たちです。

❶経済的な理由から「月に1回」と決めている人

月に1回の楽しみということで必ず来てくれるお客様は、月に1回の楽しみなので、冒険して新規の店に行くというケースはあまりありません。自腹で来ている人や、会社の経費枠で連れて来てもらっている人は、とくにそのような傾向にあります。

❷出張などで月に1回だけ来る人

出張で来るお客様も、他店を新規開拓して冒険する余裕はあまりありません。久しぶりにこの街に来たのだから、と必ずと言っていいほど来店してくれるはずです。

❸メインで遊ぶ店が他にある人

このタイプのお客様も、遊び慣れているお客様に多いタイプで、ある意味堅実に来店してくれます。気分を変えたり、いい子がいないかチェックしたりするために、月に1回だけ訪れるのです。ですから、それなりの営業をかければ「まあ、月に1回くらいならいいいか」といった感覚で来店してくれるはずです。

注意しなければならないのは、**月に1回しか来ないからと、連絡も月に1度でよいというわけではない**点です。

毎日連絡をとる必要はありませんが、最低でも週に一度は連絡をとりましょう。この場合、**来店をうながす営業は逆効果**です。「いつも、あなたのことは頭にありますよ」といった気持ちが伝わる連絡をするだけでいいのです。

そして1ヶ月ぶりに来店してくれたときは、会った瞬間に「本当にうれしい」という顔をしてあげるだけで、翌月も必ず来てくれます。

また、2～3ヶ月に1回来てくれるEグループのお客様は、これまで説明してきた4つのグループの予備軍です。

たまたまつき合いで来ているにしても、再度あなたを指名したということは、何か気になるところがあるということです。よって、何かをきっかけに月に1度来てくれるようになったり、週に1度来てくれるようになったりする可能性はあります。

ですから、お客様のほうから見切りをつけるまではあきらめてはいけません。

以上、5つのグループのお客様の特徴と、注意事項を述べてきました。

ここで気をつけてほしいのは、各グループのお客様の特徴はあくまでも目安だということです。お客様にはさまざまな人がいるので、なかにはまったくあてはまらないという人もいます。

しかし、**大まかにお客様を分析して、そのお客様に合った営業を1人ひとりにしていくことが大切なのです。**

あなたのお客様が100人いようが200人いようが、お客様自身はあなたと1対1のつき合いをしているのですから。

Chapter 3

お客様を“私”中毒にさせる秘密の接客術

お客様が夢中になるキャストの特徴

お客様との会話は、キャバクラにおける接客の基本です。そして、キャストが一番頭を悩ませるのもお客様との会話です。

さまざまなお客様が来店するキャバクラにおいて、「会話」を上手に展開していくことはキャストにとって必須スキルです。お客様に合わせてさまざまな会話をし、「もっとこの子と話していたい！」と思わせなければ、元も子もありません。

とくに**フリー（キャストの指名をしない）のお客様との会話は、次に指名してくれるお客様にできるか否かに深くかかわってくる**ため、キャストにとっては重要なポイントと言えるでしょう。その人に関する情報が一切ないまま手探りで会話をするわけですから、一回一回の会話が指名や今後の来店を左右する一発勝負になります。

しかし、ここで頭に叩き込んでおいていただきたいのは、**お客様はキャストの〝女としての魅力〟だけでなく、〝人間としての魅力〟にふれて指名するのだということです**。つまり、会話はあくまでキャストの「魅力」を引き出すための一つの要素にすぎないわけです。

キャバクラでの接客における会話にマニュアルはありません。仮にそんなマニュアルがあったとしても、お客様の立場からすれば何の魅力も感じない会話になってしまうでしょう。同じ話でも、話す人（キャスト）と聞く人（お客様）のとらえ方や、そのときそのときの状況によって、好感を持たれたり嫌味に聞こえたりするのです。

ですから、キャバクラでは〝人間としての魅力〟そのものを活かす接客が大切になるのです。

稼げるキャストの会話の基本

基本的な会話のしかたを知らないと、お客様にストレスを感じさせ、楽しくない時間をすごさせてしまうことになります。意外と、この基本ができていない子が多いのです。最初は大変かもしれませんが、次のような接し方で会話を重ねることによって、自然にスムーズな会話ができるようになっていきます。

❶YES・BUT法（間接否定法）

営業の世界では基本中の基本とされている話法です。文字どおり、まず相手が言うことを「はい（YES）」で認めてあげたうえで、「しかし（BUT）」と、やんわりと反論していく方法です。

まず、相手が言うことを認めてあげることによって、相手は「**この人は自分のことを理解してくれる人だ**」と思います。そのうえで反論しても、「自分のことを理解してくれたうえで言ってくれているんだ」と感じるわけです。

この方法を使わずに、相手の言うことを頭から否定してしまうと議論になりがちです。お客様はキャバクラに議論をしに来ているわけではありませんから、極力この方法を使うようにしましょう。

❷ 例話法

自分の意見をストレートに言うと、「なんでお前にそんなことを言われなければいけないんだ！」と反感を買うおそれがあります。

そんなときには有効な第三者の例を出し、やんわりと自分の意見を言うという話法を使うと、お客様は案外素直に聞いてくれるものです。これが例話法です。

有効な第三者の例は実際のケースであればベストですが、多少のつくり話でも「嘘も方便」でＯＫでしょう。

話しベタでも売れっ子になる上手な聞き方

人の話を聞くのがうまい人は、どんな世界でも伸び、生きていく力のある人です。

とくにキャバクラは、ふだんなら相手もしてくれないであろうかわいい子に話を聞いてもらえる、ということに対して高いお金を払っています。

人は自分の話を気持ちよく話すことができ、聞いてもらえるだけで、心理学でいう「自己重要感」が満足させられるものなのです。


では、ここで売れっ子キャストが大切にしている「聞き方」の基本をお伝えしておきましょう。

❶お客様の話は最後まで聞く

よくお客様の話をさえぎって、一方的にしゃべってしまうキャストがいます。しかし、これではキャスト失格です。お客様が何か話そうとしているときは、それがどんなにつまらない話でも、何度も聞いた話でも、最後まで聞くようにしましょう。

人間は話すことによってストレスを発散します。それを途中でさえぎられると、フラストレーションが溜まってしまいます。言いたいことを最後まで吐き出させてあげることが大切なのです。

❷あいづちを打ちながら目を見て話を聞く

また、お客様が話しているときは、適度にあいづちを打ちながら、目を見てしっかり聞くようにしましょう。キャストが自分の話を上の空で聞いていることがわかると、お客様は白けてしまうものです。

難しいのは、お客様の話を聞きながら灰皿を換えたり、水割りをつくったりしなければならないということです。お客様としては、自分が話している最中にそのような作業をされると、**この子は話を聞いていないのではないか**と思うことがあります。

そこで、お客様が話している最中にそういった作業をするときは、

「それでどうなったの？」

「すごいじゃない！」

などのような、しっかりしたあいづちを打ちながらすると、相手に不快感を与えません。

No.1キャストが常に持っている話のネタ

フリーのお客様と接するとき、No.1キャストはとにかく「**お客様が興味を示す事柄を探ること**」に徹しています。

そのためには、短時間でたくさんのネタふりをして、そのなかでお客様が興味を示したネタで会話を展開することが必要です。さらに、それらの**ネタは、キャスト自身もある程度興味と知識があり、楽しく会話ができるものでなければなりません。**

そうでなければ、お客様の心はつかめないのです。

ですから、まずは自分が興味を持って楽しく会話をすることができるようなネタをたくさん用意しておくことが大切なのです。

一般的にお客様が興味を示しやすいネタは、次のようなものです。

・社会的な大事件
・ビジネス事情
・スポーツ
・映画
・車、バイク
・ギャンブル（パチンコ・スロット・競馬など）
・旅行（国内の温泉地および海外）
・おいしいと評判の店
・男性心理、女性心理
・自分（キャスト）の失敗ネタ、おもしろネタ

まずは、これらの中から、今あなたが一番興味を持っていることを中心に、できるだけたくさんのことを勉強して知識を仕入れてみましょう。そのうえで、実際にネタをふって会話を展開していくとスムーズです。

それではここで、実際のキャストの会話例を紹介しましょう。
売れっ子キャストは、先ほど挙げたネタのキーワードや話題を話のなかにちりばめながらうまく話を進めます。
お客様にどのようにネタを投げかけ、どのように話を展開していくのか、キーワードに注目しながら読んでみてください。

会話例

キャスト「いま車を買おうと思っているんですけど、**車**とか詳しいですか？」

お客様「車かぁ。俺の場合はとりあえず走ればいいやというタイプだから」

キャスト「そうですよね！　私もそんなに気にしないタイプだったんですよ。せいぜい色は赤がいいかなぁってぐらいで。ところが、周りの人からいろいろ言われると、何を買っていいのか分からなくなっちゃったんですよね。でも、どっちにしてもお金をためないとダメですよね。**競馬**なんかやっている場合じゃないなあ」

お客様「競馬とかやるの？」

キャスト「この前の天皇賞で初めて馬券を買ったんですよ。といってもお店の男の子に頼んで買ってもらったんですけどね。〇〇さんは競馬とかやられます？」

お客様「競馬はやらないなあ」

キャスト「そうなんですか。**ギャンブルとかはやられないんですか？**」

お客様「最近は全然やらなくなったよ」

キャスト「その方がいいですよ。ギャンブルはやらないにしたことないですよ。ただでさえ今度友達3人で**温泉旅行**に行こうと思っているので、旅行でお金遣っちゃうのに、これでハマってしまったら本当に車買えなくなっちゃいますからね」

お客様「温泉かぁ。いいねえ」

キャスト「**〇〇さんは旅行とか行かれます？** 今度温泉に行こうと友達と言っているんですけど、**どこかいいところ知りませんか？**」

お客様「昔行った△△県の〇〇温泉よかったよ」

キャスト「△△県ならお魚とか美味しそうですよね？ **誰と行かれたんですか？**

彼女ですか？」

お客様「はは。かなり前、嫁さんと行ったんだけどね」

キャスト「いいですね。私も女ばかりでなく**彼氏と行ってみたいですよ**」

お客様「彼氏はいないの？」

キャスト「いないですよ。こういう仕事していると、なかなか彼氏出来ないですね」

お客様「不倫でよければ俺が立候補するよ」

キャスト「本当ですか？　本気にしますよ。でも○○さんって、なんか頼れそうな感じするし**結構もてるでしょう？**」

お客様「そうでもないよ」

おキャスト「本当ですか？　何かライバル多そうだなあ。でも人と人の出会いなんて分からないですから、何ヶ月後かには一緒に温泉に行っているかもしれませんね。それまで私の恋人は、**映画**の中の俳優さんたちですよ」

お客様「映画観るんだ？」

キャスト「はい。私は泣ける映画が好きなんですけど、**おすすめの映画はあります**

か？」

お客様「泣ける映画かぁ。△△△とか×××とかいいよ」

キャスト「△△△は観ましたよ！　あれは泣けましたね。×××はまだです。**どんな映画なんですか？**」

お客様「×××はねえ・・・という内容なんだよ」

キャスト「面白そう。絶対観てみます。ちょっとメモさせて下さい。タイトルは××ですよね？　そうだ！　**私のLINEのIDを教えておきますから、いい映画があったら教えてくださいよ。○○さんのIDも教えてもらっていいです？**　私も気に入った映画があったらLINEしますから」

いかがでしたか。

人気のキャストは、お客様に質問をしながらさりげなく自己アピールをしつつ、うまく話を運んでいきます。まずは、自分が話せそうなネタから少しずつ挑戦してみてください。

えー信じられない！

…あ！〇〇さん私もうそろそろ呼ばれそう。

ちょっとその話ちゃんと聞かせてくださいよ。そうでないと今日寝れないですよ。ご迷惑でなければ指名とかダメですか？もう少しその話聞きたいです。

指名？

ご迷惑でなければでいいですよ。

次回も指名してとは言いませんし。とりあえずさっきの話の続きを聞きたいなって。

じゃあ今日は特別に指名するか。

うれしい！今日は特別なんですね？

これが縁で特別な女になるってこともあるのかな？

苦手な話題をかわすには？

キャストの中には、下ネタが苦手という人もいます。

また、いじられキャラなのか、お客様から傷つけられるようなことをよく言われて困っているというキャストもいます。

上手なかわし方を知っていればいるほど、うまくお客様の心をつかみ、キャバクラという世界で上に行けるチャンスをつかんでいくものです。

ベテランのキャストは、苦手な話題に対しては次のような方法で対応します。

❶話題を変える

❷開き直って笑い飛ばす

では、実際にベテランのキャストたちが、どのようにして苦手な会話をかわしているのか見てみましょう。

キャストA嬢の対応

私は、下ネタを言うのも言われるのも、すごく苦手です。

ですから、お客様がそのような話をふってきたら、

「私、そういう話はあまり好きじゃないの。それより○○さん、××って知ってる？」

というように、すぐに話題を変えるようにしています。

それでもしつこく話を続けられたら、指名をあきらめて、

「私、そういう話する人、嫌いです」

と、はっきり言ってしまいます。

指名のお客様の場合は、

「○○さん、下ネタ好きな女の子もいるかもしれないけど、私は好きじゃないの。せっかくだから、もっと楽しい話をしようよ。そんな話ばかりだと、私の○○さんに対する見方が変わっちゃうよ」

と笑いながら言ってかわすようにしています。

キャストB嬢の対応

私はいわゆる貧乳なので、お客様から「おまえ全然胸ないなあ」なんてよく言われますよ。

自分でもかなり気にしているので、最初の頃は言われるたびにショックで泣きそうになっていましたが、慣れた今ではギャグで返したり、笑い飛ばす方向に持って行ってしまいます。

まずは、

「そうなの、全然胸ないんだよねー。男の人はよく『大きいほうがいい』って言う

けど、私は小さい胸で満足してるよ。だって、小さい胸のほうがトクなんだもん」

と返します。

大抵のお客様は「どういうところがトクなの？」とのってくるのですが、そうなればこっちのものです。

「うつ伏せで寝やすい。肩はこらない。そして何より、将来の彼氏に〝自分の手で大きくしてやるんだ〟という夢と喜びを与えてあげられるでしょ。どう？　こんなに開き直っている女もちょっと珍しいと思わない？」

と、言うのです。

キャバクラに限らず、クラブでもラウンジでもスナックでも、アルコール類を出す接客業では、大抵のお客様はアルコールが入って気が大きくなっていますから、酔いにまかせてふだんは言わないようなことをつい口にしてしまうケースが多いのです。

また、多くのお客様は日常のストレスを発散・解消するために、わざわざ高いお金を払ってキャバクラに来ています。たまったストレスが下ネタやイジワルな言葉という形で外に出てしまうケースも少なくありません。キャストはまず、このようなキャバクラの特性や客側の事情を理解しなければなりません。

しかし、一流キャスト、№1キャストを目指す上級キャストがそんなお客様に負けてしまってはいけません。

自分の価値観や考えをしっかり持って、どんなことを言われてもめげずにサラッとかわし、ときにはすばやく切り返しましょう。

お客様が「**おっ、この子はちょっと他の子とは違うなあ**」などと思ってくれれば、しめたものです。イヤなお客様から、よいお客様になってもらえるチャンスはあなたがつくるのです。

私は、身体的な欠点について言われるのが一番イヤです。

自分ではそれほどとも思わないんですが人より少しアゴが長いみたいです。

初めてお客様に指摘されたときは、「この人、何言ってるの？」と思いましたがだんだんコンプレックスに感じるようになってしまいました。

当時の先輩に相談したところ「男は本当にそう思っていたら口に出しては言わないもの。そうやってからかうことで自分に関心を持たせようとしているんだから気にしないほうがいい」とアドバイスされました。

それからは、アゴのことを言われると「これが私のチャームポイントなんです！これでもう私のこと忘れられないでしょ？」と答えるようにしています。

「未来のダンナさまにはこのアゴで肩をマッサージしてあげるつもりなんですよ。うらやましいでしょ？」と続けると「俺もマッサージしてくれよ」とのってくるお客様が必ずいるので、こう答えます。「ダンナさまは1人だけだから競争激しいですよ。私を指名しないと参加資格がないですからね」

フリーのお客様とスムーズに話すコツ

キャバクラ歴の浅い女性が必ず悩むのは、会話のしかたとネタです。ベテランのキャストになると、お客様に合わせた会話が自然にできるようになりますが、これだけは場数を踏まなければどうしようもありません。

先ほど述べたネタに加え、まずは基本的には**相手に失礼にならない程度の丁寧語（あまりかしこまった敬語を使うと親近感がわかない）で、ふだん友人と、あるいは彼氏と話している雰囲気で会話するのがよいでしょう。**

とくにフリーのお客様とは、時間にして15～20分程度しか会話できません。そのなかで相手をひきつけなければならないのです。よって、理想はある程度あなたの会話のパターンを用意しておき、テンポよく会話を進めていく必要があります。

フリーでの会話の展開は、

❶導入トーク
❷つかみトーク
❸相手に合わせたネタの展開
❹クロージングトーク

という流れで進んでいくのがスムーズです。

お店によって、フリーでの場内指名を奨励しているところと、フリーでは場内指名を極力もらわず、次回来店時に指名をもらうように指導しているところがあります。

お客様の立場で言えば、できるだけ多くのキャストと話をして、そのなかで一番気に入った子を指名したいものです。つまり、後者のシステムのほうが都合がよいわけです。ただ、多くのキャストと話せば話すほど迷ってしまい、挙句の果てには、他の店にもっといいキャストがいるのではないかと思ってしまう優柔不断な男が多いのも事実です。

どちらのシステムを採用するかはお店の経営方針ですので、どちらがいいとは言えません。ただ、あなたのお店がどちらの方針をとっていようと、指名をもらうためにはクロージングをかけることは大切です。

フリーでの会話は、ある程度自分なりにパターンをつくってしまうほうがやりやすいものです。「導入」「つかみ」「ネタの展開」「クロージング」それぞれのトークを絶えず研究していくようにしましょう。

それでは、実際にどのようなトークをすればお客様が喜んでくれるのか紹介しましょう。

アレンジできると好印象な「導入トーク」

よくある導入トークのパターンは
「はじめまして。この店よく来られるんですか？　お年を聞いてもいいですか？」

といったものです。

これはどのキャストも使うパターンですので、お客様の立場からすると、「またここから始まるのか」と、正直うんざりすることもあります。ただキャスト側からすれば、来店頻度や年齢は、お客様の情報を得るためには最初に聞いておきたい内容でもあるわけです。

そこで、同じ内容でも、あなたなりにアレンジしてお客様にインパクトを与えることを考えてみましょう。

他の子と違うと思わせて心をつかむ「つかみトーク」

導入がうまくいったら、次の会話へ展開する間に、「おっ！　何かこの子は他の子とは違うな」とお客様に思わせるような「つかみトーク」を入れると効果的です。

たとえば、

「○○さんっておもしろい人ですね」
「○○さんって、どこか人と違いますね。なんというか、人をひきつけるオーラがありますよ」
「○○さんって、絶対人と違う。大物になりそう」

という一言を入れるだけで、お客様はあなたに親近感を抱きます。

また、導入の会話で照れ屋な感じがしたお客様であれば、

「○○さんって、どちらかというとクールですね。私のタイプかも」

「○○さんて、なんかかわいい」

といったトークは有効です。

年下の女の子に「かわいい」と言われるのをイヤがる男性もいますが、照れ屋な男性であれば「好感を持たれた」と思って悪い気はしません。

導入であまりしゃべらない人は、どちらかといえば扱いにくいタイプのお客様と言えますが、このようにこちらが相手から受けた印象を肯定してほめてあげると、場合によっては、お客様を一気にひきつけることができます。

お客様の目的を見極め「ネタの展開」をする

導入での会話である程度お客様の雰囲気をつかめたところで、本格的な会話に入っていきますが、あらかじめいくつかのネタを用意しておき、相手に応じてネタを使い分けるようにしましょう。

ここで大切なのは、**お客様は「口説き目的」で来ているのか、「癒やし目的」で来ているのか、それとも「楽しんで盛り上がる目的」で来ているのかを察知して、ネタを使い分けることです。**

また、ある程度つき合いが長くなってからであれば使えるネタでも、フリーでは使わないほうがよいものもあります。

- **彼氏ネタを話す**
- **既婚者に対して子どものことを聞く**
- **お客様の仕事の話を聞く**

これらのネタは指名をもらって、ある程度気心が知れてきてからならほどほどに使えますが、これから指名をもらおうというときには避けたいものです。

口説き目的で来ているのに、いきなり自分の彼氏の話をされたのでは興ざめです。

ただし、**最近彼氏と別れたという話や、彼氏がいなくてさびしいという話であれば、お客様は「チャンスだ！」と思うこともあるので、逆に効果的かもしれません。**

また、お客様は家庭や仕事のことを忘れたくてキャバクラに来ています。それなのに、キャバクラに来てまで家庭の話や仕事の話をされたのでは楽しくなれないし、癒されもしません。どんな仕事かを聞く程度にとどめましょう。

既婚者の場合、子どもについての会話は結構弾むものです。

しかし、口説き目的のお客様は、子どもの話をされると、「口説くぞ！」という気持ちが一気に冷めてしまいます。お客様から話してきた場合はかまいませんが、自分からは話題をふらないようにしましょう。

ただし、相手が経営者であったり、見るからに羽振りがよさそうなお客様の場合は例外です。このようなお客様は、自分の仕事に自負を持っている人（あるいは自慢したい人）が多いものです。そのようなお客様に関しては、仕事の話は有効です。

場内指名をもらうための「クロージングトーク」

営業の世界で、契約に結びつける締めのトークを「クロージングトーク」と言います。

キャバクラの世界においても、キャストはお客様から指名をもらうためにクロージングをかける必要があります。ある程度会話が弾んでいい感じになったら、必ずクロージングをかけましょう。

フリーでついている時間はお店によって違いますが、大体15～20分といったところではないでしょうか。チェンジのコール（別のキャストと交替する合図）が来てからクロージングをかけても遅いので、あらかじめ自分で時間を計算して、**呼ばれ**

る前にクロージングをかけなければなりません。

フリーでの場内指名を奨励しているお店においては、できる限り場内指名しても
らえるようにクロージングをかけます。それなりにあなたを気に入ってもらえたら、
クロージングしだいで指名してもらえるでしょう。

ある程度気に入っている場合のお客様の心理は、「この子感じいいなあ。指名しよ
うかな、どうしようかなあ。でも、ひょっとすると次に来る子のほうがいいかもし
れないし……」といったものです。この場合、思い切って指名したとしても、その
お客様は後悔しません。

ところが、指名せずに次の子と話したところ、その子のほうが気に入ってしまっ
た、というケースはよくあります。

この世界は競争です。気に入られてもいないお客様から無理やり指名をもらうの
はどうかと思いますが、それなりに気に入ってもらっているのであれば、指名をも
らったキャストが勝ちです。

確実に場内指名をもらうキメ台詞

クロージングトークは、さりげないトークを使うほうが印象はよいものです。

よく使われるクロージングトークは、

「そろそろ呼ばれそうだけど、もう少しここにいてもいいかな」

というものです。

甘えた目でこう言われると、その子をある程度気に入っているお客様であれば指名してくれる確率は高いでしょう。

もちろん、それまでの会話の状況しだいでは、ストレートなトークのほうが有効なこともあります。

たとえば、次のようなものです。

「あ、もうそろそろ呼ばれそう。ねえ○○さん、よかったら場内指名してよ。もう少しいさせてよ。だって、○○さんと話してると楽しいもん」

「今日だけでもいいから指名して」

「ねえ、もうそろそろ私呼ばれそうなの。せっかく○○さんに会えたのに、他の席に行くのイヤだな。わがまま聞いてくれるなら、今日だけでもいいから指名してくれない？　今度来たときも指名してとは言わないから。最近変なお客様ばかりにあたって滅入ってたの。○○さんとなら仕事忘れてお話できるから、今日だけでもいいからもう少しここにいさせて……」

このクロージングで断れる男性は少ないでしょう。指名を入れてもらったら、とりあえずこれで時間が稼げるわけですから、その後の接客しだいで次回も指名してくれる可能性が出てくるわけです。

また、マンガに出てくるような控えめな言い回し、少し強引な言い回しもいいでしょう。

自分のキャラクターに合ったクロージングトークを身につけてください。

場内指名を奨励していない店はもちろん、場内指名を奨励している店でも、その日は場内指名のクロージングをかけないほうがよいという場合は、次回来店時に指名をしてもらえるようにクロージングをかけます。

あ！
もうそろそろ呼ばれそう。
時間がたつのって早いですね。もう少しお話ししたかったなあ。
もっと○○さんのこと知りたいなって気持ちなんですけど、場内指名とかダメですか？

今日だけでもいいから指名して…。
うーん…。とりあえず今日だけだよ。

ちなみに、その日に場内指名のクロージングをかけないほうがよいのは、次のようなケースです。

・ついた時間が遅く、お客様がもうすぐ帰る予定になっている
・予算の関係などで、今日は指名はしないとお客様が公言している
・会話の流れでタイミングを逃し、クロージングをかけると雰囲気をこわしそう

このようなケースにおいては、場内指名のクロージングをかけないほうがよいでしょう。

一方、次回指名をもらうためのクロージングは結構気楽にかけられます。

「今日はありがとう。とても楽しかった！　よかったら今度来たときは指名してね」

というトークで十分です。

必ず思い出してもらえる名刺のつくり方

さて問題は、次回来たときにお客様があなたを覚えているかどうかです。

ほろ酔い気分で「あの子よかったなあ」などと思いながら家路についても、翌朝になってもちゃんと覚えているとは限りません。複数の名刺をトランプのように並べて、「どれがどの子だったっけ?」という男性は多いものです。

そのため、自分だけは覚えてもらえるように工夫をする必要があります。

ここで、稼ぐキャストの名刺の秘密を紹介しましょう。

❶ 写真名刺を使う

お店によっては写真名刺を奨励し、一括で作成してくれるところもあります。料金は高いですが、効果はあります。お店でつくってくれない場合は、プリクラを貼っておいても同じ効果があります。

❷ 名刺の裏に短いメッセージを書いて渡す

もうすぐ呼ばれそうというときになったら、渡していた名刺をいったん返してもらい、裏にメッセージを書き添えます。

できれば、会話のなかで印象に残った内容をメッセージにするとよいでしょう。後日、「ああ、あの話をしていた子だ」と思い出してくれます。

たとえば「今日はとても楽しかったです。今度、そのおいしいラーメン屋さんに連れて行ってくださいね」といった感じです。

お礼のLINE・メール（電話）をするのを忘れない

話したお客様には、**LINEやメールアドレスもしくは携帯の番号を必ず聞き、翌日お礼の連絡をするようにします**。「鉄は熱いうちに打て」です。ただし、その際は、来店を促す営業は控えたほうが印象はよいでしょう。

送る内容としては、「△△（店名）の○○（名前）です。覚えていますか？　昨日はありがとう。とても楽しかったです。久しぶりに仕事を忘れておしゃべりしました。また××についてお話ししましょうね」といったものが有効です。

これで「昨日××について会話をしたのは私ですよ」と、名前を覚えてもらうことができます。

キャストのなかには、お客様のＬＩＮＥやメールのアドレスを聞き出すよい方法はないかと悩んでいる子が多いようですが、電話番号と違ってアドレスは意外とすんなり教えてくれるものです。

どうしても聞きにくいという人は、おもしろい写真や画像などを用意しておき、

「おもしろい写真があるから送ってあげるよ。アドレス教えて」

とでも言えば、簡単に教えてくれるでしょう。

指名のお客様をつなぎ留める「1日1ネタ」の習慣

フリーのお客様であれば、ある程度パターンのなかで会話ができます。しかし一方では、指名のお客様をつなぎ留めていくために、どんな話をすればよいのかわからないというキャストもいます。

その答えは、基本的なことです。

最低毎日一つは会話のネタを考えるようにすればよいのです。

どんなことでもかまいません。「こんな楽しいことがあった」とか、「こんなミスをしてしまった」とか、会話にして5~10分くらいのネタを考えておきましょう。

そうすれば、毎日来店するお客様には毎日1個、3日に1回来店するお客様であれば1回に3日分（3個）のネタがあるということになります。これで会話に困ることもなくなるでしょう。

大切なのは、来店するたびにお客様を楽しませてあげることです。そのため、明るくて楽しい話題を用意しておきましょう。

もちろん、レベルの高いキャストを目指していたり、売上をどんどんあげたいのなら、ふだんから本を読んだり映画などを観たりして、そのような会話にも柔軟に対応できるようにしておくことが大切です。

はじめての本指名で失敗しないコツ

フリーでお客様につき（場内指名をもらった場合を含む）、次回の来店時で初めての本指名をもらった際の接客は非常に大切です。今後よいお客様になってもらえるか否かは、この**初めての本指名の接し方しだい**なのです。

初めて本指名で入ったのに、キャストが自分のことを忘れてしまっているのでは、お客様の立場からすれば非常にショックです。これを挽回するのは並大抵の苦労ではありません。

前回どんな会話をしたか思い出して、その話から入るとスムーズですし、お客様は〝自分のことを覚えていてくれた！〟とうれしくなるものです。そのためにも、**必ずメモをとっておきましょう。**

しかし、印象の薄いお客様や、メールの返事がなく、1ヶ月くらい経ってから突然来店してくるようなお客様に関しては、覚えていなくてもしかたのない部分もあります。ギャグの通じそうなお客様ならここは開き直って、とことん覚えてないということをネタにしてしまいましょう。意外と話が盛り上がる場合があります。

ギャグの通じないお客様だと判断したら、とにかく心から「ごめんなさい」と何度も言いましょう。その姿が誠実でかわいいと、逆に気に入られることもあります。

稼ぐキャストが手帳に書いていること

稼ぐキャストたちは、必ずと言っていいほどお客様のメモをとっています。お客様の名刺をホルダーで管理していくのは当然ですが、**顧客カードをつくると便利です。**顧客分析は欲を言えばきりがありませんが、最低でも次に挙げる6項目くらいはチェックしておきましょう。

❶ 来店サイクル（どのくらいの周期で来店するお客様か）

❷ 何曜日に来店するお客様か（来店する決まった曜日・土日や祝日にも来店するか）

❸ 遊ぶ時間・予算はどれくらいか

❹だいたい何時に来店するか
❺支払いは自腹か経費か・誰が支払ったか
❻何人で来たか（グループ・会社関係・友人同士など）

この際、できれば話の内容や盛り上がった話題もメモしておきましょう。入口で書きづらい場合はトイレに行くふりをしてトイレの中でメモをとるとよいでしょう。

これを何ヶ月か続けていくと、しだいにお客様の状況がわかるようになります。そして、そのメモはあなたの大切な財産になっていきます。

こういった情報をもとに接していくことが、お客様を離れさせないコツと言えます。**自分を気に入ってくれたお客様と長くつき合っていくためには、無理な営業をしないことが大切なのです。**

お客様には、あくまでも、ほかに使う予定だったお金や時間を自分に使ってもらうことを目的にします。そのためにも、お客様をよく知っておく必要があるのです。

204ページには働くキャストの皆さんために「顧客管理メモ」を掲載しました。コピーをとって手帳に貼って使うなど、自分なりの使い方で仕事に活かしてください。

お客様たちとより上手につき合うには顧客管理台帳をつくることがおすすめです。
お客様

まずは
この9つを中心に情報を集めましょう。
・名前
・愛称
・外見（身長や体格、髪型、眼鏡をかけているかなど）
・初来店日
・初指名日
・生年月日（もしくは誕生日と大まかな年齢）
・連絡先電話番号（主に携帯電話）
・連絡先LINE・メールアドレス
・仕事内容（名刺をもらっている場合は、会社名や部署、役職、所在地、電話番号も）

「プライベートの関係」を感じさせてお客様を落とす

初めての本指名を何とかクリアして、来店が2回目、3回目となると、お客様は本当のあなたを探ろうとしてきます。

お客様は、自分の思っている第一印象が正しかったかどうかを初めての本指名で確かめ、ほぼ自分の思っていたとおりだと判断したから2回目、3回目の来店をしてくれているわけです。

キャバクラはこの店だけではありません。あなた以外のキャストも何百人といます。そのようななかで、今後お金を払ってあなたに通う価値があるかどうかを探ろうとしているのです。

この時期のお客様に関しては、2つのことに注意しながら会話を進めましょう。

❶お客様が特別な存在であることをアピールする

2回目、3回目の来店であれば、あなたも相手のことが少しはわかってくるでしょう。まずは、とにかく一つでもいいので、その人のよいところを見つけます。

そして、そのよいところをほめながら、〝私のお客様のなかで、他にそんな人はいない〟というトークを使います。

つまり、**あなただけは〝仕事抜きでもつき合っていきたい〟という魅力があるということを遠まわしに言うわけです。**

❷仕事（成績）に対して余裕のある態度を見せる

悪い言い方をすれば、キャストにとってお客様は飯のタネです。

しかし、この時期にそれをお客様に悟られてはいけません。多くのキャストは2回目、3回目の来店になると、なんとか延長してもらうように、あるいは次回の来店をとりつけるように営業をかけます。

しかし、この時期のお客様はまだ疑心暗鬼です。ですから、そのような素振りが見えたとたん、「なんだ、やっぱりオレは飯のタネか」と興ざめしてしまうケースが多いものです。よって、この時期はじっと我慢で、「**ポイントは他のお客様で稼がせてもらうから、あなたは無理しなくてもいいのよ。来たいときに来てくれたらいいの**」という姿勢で接することです。

そうすれば、お客様も一瞬あなたがキャストであるということを忘れてしまい、次回も指名しようと思うのです。

「癒やしの営業」に変えるタイミングはいつ？

来店回数がすでに4回を越え、本格的なお客様になってきた場合、**お客様は疑似恋愛の域に入っているケースがほとんどです**。会話そのものを楽しむというよりも、単純にあなたに会いに来ていると言ったほうがよいでしょう。

しかし、疑似恋愛は、冷めるのも早いものです。油断していると、いつの間にかお客様は離れていってしまいます。そうならないためには、毎回楽しんで帰ってもらうことを心がけなければなりません。

同時に、あなた自身でその**お客様との関係における長期計画を立てる必要があります**。このお客様をどう育てていくかを考えながら、会話をしていくのです。

とくに口説き目的のお客様に対しては、最初のうちは色恋の会話を中心に落ちそうで落ちない女を演じていきます。そして、少しずつそのお客様を癒やし目的のお客様に変えていくような会話を混ぜ、長期のお客様に育てていくことが大切です。

また、「お客様のよいところを見つけてほめる」という努力は、何回来てくれようと続けなければなりません。男性は小さなプライドで生きているものです。自分のいいところ、ほめてもらいたいところを的確にほめられることほどの快感はないのです。

このようにして、最初の目的はどうであれ、最終的には口説けなくてもあなたを応援してくれて、お店に通ってくれる。そのような長いつき合いができるお客様に育て上げていけるキャストが、本当のプロのキャストであり、№１に近づいていくキャストなのです。

お客様はキャストのココを見ている！

お客様がキャストにひかれていく要因は、会話だけではありません。**キャストの何気ないしぐさに「この子、かわいいなあ」と感じたり、女らしさを感じたりしてひかれるケースも多いのです。**

しぐさは本来、その人物から自然に出てくるものですが、意識すれば意図的にできるしぐさもいくつかあります。

とくにフリーでつく際の**着席のしかた・歩き方**は非常に大切です。フリーでは短い時間で自己アピールしなければならないため、歩き方・座るしぐさから勝負は始まっていると思わなければなりません。

フリーのお客様は「次にどんな子が来るのかな？」とあなたが通路に立っているときから注目しています。

席まで歩いてくる間にお客様は、あなたの頭のてっぺんからつま先までをしっかり見ています。自分が気に入りそうな子かどうかを判断しているのです。

しかし、フリーの場合はそのお客様がどんな人なのかはわかりません。

よって、スマートに座るか、ちょこんとかわいく座るかのどちらかが無難でしょう。せめて相手の印象がマイナスにならないよう、スマートな座り方は練習しておきましょう。

もちろん、目をキラキラ輝かせた最高の笑顔も忘れずに。

しぐさだけで お客様を夢中にさせる方法

指名のお客様が来店して、その日初めてつくときのしぐさ・表情は相手に与える印象が大きいものです。

お客様が来店したときは、とにかく**「うれしくてたまらない！」**という表情としぐさをしましょう。

また、通路を歩いているときなどに指名のお客様と視線が合った場合は、**他のお客様に気づかれないよう目で笑いかけるようにします**。お客様の立場からすると、これはとてもうれしいものです。自分だけがキャストの特別な存在になったような気がするからです。

また、他のお客様を送りだす際に、来店したばかりのお客様とエントランスなどで鉢合わせてしまうケースがあります。

このとき、他のお客様に気づかれないように、すれ違いざまに**背中をつついたり、お尻を軽く叩いたりするスキンシップは妙に秘密めいていて、非常に効果があります。**

ただ、このときは絶対に他のお客様には気づかれないように注意しましょう。自分以外のお客様とスキンシップをとっているのは、お客様からしてみれば面白いはずがありません。

指名が重なっていると、他の指名客の席を回ってまた戻ってくるケースがありますが、そのときのしぐさも重要です。

大切なのは、「**ただいま～♥**」という気持ちで接することです。

他のお客様の席に行くときは仕事で、〝あなたとはプライベートの関係だよ〟というニュアンスをかもし出すのです。

具体的には、

「やっと戻ってこれた♥」

などと言い、座るなりお客様の腕を取るというしぐさは、お客様としてはとても
うれしいものです。

接客中のしぐさは「親密さ」がカギ

接客中のしぐさは、ある程度ベテランのキャストになると、自分なりのものを身につけていることが多いものです。主にスキンシップを伴うしぐさがよく使われています。これらのしぐさをケースバイケースで使い分けてみてください。

❶話しながらお客様の膝に手を置く
❷そっと腕をからませる
❸お客様の肩に頭をあずける
❹お客様の手を握り、自分の膝の上に置く
❺たまにソファーに深く座る

❶ 話しながらお客様の膝に手を置く

膝に手を置くしぐさはスキンシップのなかでもソフトな部類ですが、お客様はあなたへ親しみを感じます。ただし、なかには「これはヤレる」と誤解してしまう人もいるので要注意です。お客様を見ながら、やっていい人と、やってはいけない人を判断しつつやるようにしたいものです。

❷ そっと腕をからませる

自分の手をお客様の腕にからませることは、膝に手を置くよりもスキンシップの度合いは増します。ある程度つき合いが長くなってきたら、そっとやってみてください。親密度が増し、お客様は特別な関係になったような錯覚に陥ります。

❸ お客様の肩に頭をあずける

少し酔っているときに

「少し酔っちゃった♥」

「昨日ほとんど寝てないから眠たい」

などと言って、肩に頭を預けて寄りかかってこられると、思わずドキドキしてしまいます。口説き目的のお客様は、これだけであなたにハマってしまうでしょう。

❹お客様の手を握り、自分の膝の上に置く

手を握るという方法と、あなたの膝の上に相手の手を置くという2つのスキンシップの方法があります。お客様としてはかなりうれしいしぐさです。

お触り好きな手クセの悪いお客様に対しては、お触り防止を兼ねて同じように手を握り、自分の膝の上ではなく、お客様の膝の上に置くようにします。

ただ、それでも触ろうとするお客様には、お触りはイヤだという意思表示をきちんとしましょう。

❺たまにソファーに深く座る

ソファーに浅く座ると、いつでも席を立てるように構えている印象をお客様に与

え、親密な感じにはなりません。

一方、深く座ると、くつろいでいる印象を与え、「この席が一番落ち着く」という親密感をかもし出すことができます。しかし、親近感をかもし出しやすい代わりに、水割りをつくったり、灰皿を交換したり、グラスの水滴をふくという基本的な動作が怠慢になります。

これらはタイミングが重要です。基本的には自分が動きやすいように浅い座り方をして、タイミングをみて親近感を抱かせるように深く座るといったやり方で工夫するとよいでしょう。

席をはなれるときは「はなれたくない」気持ちを示す

フリーでついた際に、**チェンジで席をはなれるときのしぐさや言葉は、お客様にとって印象に残るものです。**

ですから、次回来店時に指名をもらえるよう、チェンジの際の席の離れ方には気を使う必要があります。

色恋で攻めていたケースであれば、席をはなれる間際にテーブルの上に置いてある自分の名刺を、そっとお客様の胸のポケットにしまってあげます。その上から手を当て、

「大切にしてね。なくしちゃイヤだよ」

と目を見つめて言いましょう。これをやられると、お客様は一瞬であなたを気に入ってしまいます。

ここまで芝居じみたことはできないという人は、離れ際にお客様の膝に手を置いて**「メールするから返事ちょうだいね」**と言うだけでも、お客様の印象はかなり違います。

本指名のお客様で指名が重なって他の席に移るときは、お客様の気分を損ねかねない難しい場面です。ところが、この場面をうまく利用してお客様の気持ちをつかんでしまうキャストもいます。

まずは付け回し（どのキャストをどのお客様につけるかを判断し、お客様の席に案内する人）が「○○ちゃんお願いします」と呼びに来たときに、この席を離れたくないというしぐさをします。このしぐさ一つで、お客様の心は満足感でいっぱいになります。

また、

「えー、もう？　せっかくいいムードだったのに！　ごめんね、ちょっと行ってくる」

「もー！　いつもいいときに呼びに来る！　私あの人嫌い！」

などと言うのも効果的です。

これらはキャストのキャラクターにもよりますが、横で聞いていても「ずっとこの席にいたいのに」という雰囲気が伝わってきてかわいいものです。

また、少し高度なテクニックとしては、コールがかかった瞬間「え!?」という顔をします。そして唇をとがらせ、その先端に人差し指を下からななめ45度にあてます。そしてうらめしそうに、ボーイを3〜4秒見つめます。次にそのポーズのままお客様のほうを向き、さびしそうな目をして「ごめんね。ちょっと行ってくる」と言います。

一度、鏡を見ながら練習してみてください。これをマスターすればまちがいなく強力な武器になります。

!?
コールがかかった瞬間
「えっ!?」という顔をします
そして唇をとがらせ
その先端に人差し指を
下から斜め45度に
あてます
うーんと…
あのね…
すっ…
そしてうらめしそうに
じーーー
ボーイを3~4秒
見つめます
次にそのポーズのまま
お客さんのほうを向き
寂しそうな目をして
ごめんね
ちょっと行ってくる
くるっ

お客様を一瞬で興ざめさせるしぐさ

お客様を夢中にさせるしぐさとは反対に、気づかないうちにお客様を傷つけてしまうしぐさがあります。

❶ 時計を見る

一番避けたほうがよいのは、時計を見るしぐさです。

何も言わずに時計を見るしぐさをすると、お客様はキャストが退屈していると感じます。それだけで、あなたに対する印象はマイナスになるのです。

どうしても時間を知りたいときは、テーブルに手を伸ばした際に気づかれないように腕時計を見ます。あるいは携帯電話をとりだし、携帯を操作するようにして時計を見るようにします。

もしくは、お客様が納得するような理由を口に出して言い、堂々と見るかのいずれかにしましょう。

❷スカートの裾の位置を気にする

次に、スカートの裾をひんぱんに下ろすしぐさです。

座り方が悪かったり、テーブルの遠くのものを取ろうとして動くと、裾が上がってしまい気になって直したくなるものですが、男性にとっては「そんなに俺には見せたくないのか！」と思ってしまうものなのです。

ある程度の露出は覚悟して、いい加減格好が悪いと思った時点で直すようにし、できるだけ回数を減らしていくのが印象を悪くしないコツです。

「また来たい」と思ってもらえる見送りの方法

チェック(勘定)が終わると、お客様は楽しいひとときを名残惜しみながら店を出ていきます。気の早い男性は、次回はいつ来るかをそのとき決めてしまう場合もあります。そのような意味でも、最後の送り出しは、**「楽しい」というテンションのまま帰ってもらえるように気づかう必要があります**。

クラブやラウンジと違い、キャバクラは時間制の料金システムです。そのため、送り出しに時間をかけ過ぎて他のお客様に迷惑をかけないよう、道路まで見送ることはせず、入口までの見送りか、エレベーターに乗るまでの見送りというシステムをとっている店がほとんどです。

そこで、コートや鞄を渡したあと、見送る場所までの間に腕をそっとつかみ、

「きょうは本当にありがとう♥」

と感謝の気持ちを伝えるなど、ダメ押しのしぐさや言葉を仕掛けてみましょう。

あらかじめ用意していたメッセージカードをそっと渡して、耳元で

「あとで読んで♥」

と言うのもロマンチックです。

メッセージカードには、「○○さん、いつもありがとう。○○さんに会うたびに元気をもらえます。これからもいっぱい元気をください」といった簡単なメッセージでかまいません。

これも毎回毎回ではなく、たまにもらうとうれしいものです。

お客様は、いつもあなたのしぐさを見ています。

いろいろなしぐさを研究し、あなたの魅力を引き出してください。

延長してもらうための3つの営業ルール

キャストが成績を伸ばすにあたって、お客様が延長してくれるかどうかは非常に大きな問題です。

最近は自動延長の店もかなり増えましたが、ほとんどのお店が時間がくるとお客様に延長の確認をするシステムになっています。そこで重要になるのがキャストの延長営業です。

お客様の立場からすれば、来店するにあたって前もって予算を決めてきていたり、終電に間に合うように帰りたいと思って来たりする場合は、無理な延長営業をされると負担に感じてしまいます。

そこで、延長営業の際はさまざまな点に気をつけて、お客様の負担にならないようにしましょう。

ルール❶ 新規のお客様には延長営業をしない

初めて指名をもらったお客様が定期的に来店してくれるようになるまでは、無理な営業はしないほうがよいでしょう。

まずは、定期的にお店に来てもらうことが優先です。毎回1セットで帰ってしまうお客様は、黙って1セットで帰らせるようにします。**延長営業をするのは、早くても3回目の来店くらいからがよいでしょう。**

ルール❷ 延長営業は自分が暇なときにする

初めて延長営業をするタイミングは、**あなたに指名があまり重なっていない暇なときがチャンスです。**延長したことによって本当にゆっくり話ができたなら、お客様は多少予算オーバーだったとしても満足します。

逆に、せっかく延長したのにあなたが全然席にいないという状況では、お客様としては不満が残ります。つまり、お客様が初めて延長した際に、「延長してよかった」と思ってもらえるようにすることが大切なのです。

ですから、初めての延長営業は

「今日、私暇なの。今日ならゆっくりお話できると思うから、もう1セットいてくれない？」

という感じですればよいでしょう。

ルール❸ 固定客には徐々にセット数を増やしてもらう

すでに定期的に通ってきてくれているお客様に対しては、**徐々にセット数を増やしていくように営業していきます。**

お客様は2セットが当たり前になってくると、1セットで帰ると物足りないと思うようになります。まず毎回1セットで帰るお客様に対しては、2回の来店につき1回、延長営業をかけるようにします。毎回では、お客様は精神的な圧迫を覚えますし、毎回毎回断っていると、だんだん営業を断るのに慣れてきてしまうからです。

なんとか営業で延長してくれた回数が2～3回になったら、そのあとの来店時に
「今日も2セットいてくれるでしょ？」

と軽く言えば、もうそのお客様は2セットいるのが当たり前という感覚になっているので、余裕があるお客様なら黙っていても2セットいてくれるようになります。

ただし、営業で延長してもらうのは3セットが上限でしょう。あなたは営業はせず、それ以上いてくれるかどうかは、お客様の判断にまかせるようにしましょう。


あなたが忙しいとき（指名が何卓も重なっているとき）などは、

「今日は忙しくてあまりお話できないから、今日はこのへんにして、今度私が暇なときにゆっくりしていって」

と言うなど、こちらとしても余裕のあるところを見せたいものです。

さりげなく延長をさせるとっておきの方法

延長をねだる営業は非常に難しいものですが、自動延長でない店ではこの営業がどうしても必要になります。この営業を上手にできるかどうかが、あなたの成績を伸ばすカギになることはまちがいありません。

延長をねだる営業トークは、「さりげなく」がポイントです。あなたのキャラクターに合わせて、ケースバイケースで次のような方法を使い分けてみましょう。

❶とっておきの話を、終了5～10分前から始める

これは、今の会話が非常に楽しくて、話の途中ではとても帰れないという気持ちにしてしまう方法です。

切り替えしの（セットが終わる）**最後の5〜10分**、もし他のテーブルに行っていたとしても、あなたはお客様の席に戻るはずです。そこで、とっておきのネタを披露しましょう。その話の途中で切り替えのコールがかかるようにするわけです。

そして、

「えー！　もうそんな時間？　せっかくおもしろい話をしてたのに……。ねえ、もう1セット延長して！　この話はちゃんと最後までしないと私が気になってしかたないよ」

と言うのです。

❷「もっと話したい」と甘える

これは色恋目的のお客様には有効な方法です。時間が終了するタイミングで、

「えー、もうそんな時間？　時間がたつのって早いね。○○さん、よかったらもう1セットいない？　今日はもう少し○○さんとお話したい気分だな」

という風にもっていくのです。

❸ボーイを使う

切り替えしの確認をボーイがやっている店では、ボーイを使って営業するのも一つのやり方です。最後に席につく前に、前もってボーイと打ち合わせをしておき、ボーイに営業をかけてもらうわけです。

お客様からしてみれば、キャスト本人ではなくボーイから言われると、本当に苦戦しているんだな、助けてあげたいなという思いやりがわいてくるものです。

❹じっとお客様を見つめる

高度なテクニックとしては、「無言の営業」というものがあります。

まず、切り替えしの確認が来ても、あなたは一切の営業をかけません。ただ黙ってお客様を見つめているだけです。すると、お客様はあなたの視線が気になってきます。ボーイが伝票を持ってきて、お客様が財布を出した瞬間に「帰っちゃうの?」と寂しそうな目をして聞くわけです。お客様が振り向いてあなたを見ても、何も言わず寂しそうな目でずっとお客様を見続けます。ほとんどのお客様が、「わかったよ。

もう1セットいるよ」と言ってくれるはずです。

くり返しになりますが、絶対に忘れてはならないのは、無理な営業は絶対しないということです。そして、**延長してくれたお客様には精一杯の喜びを表現して、「1セット分の料金を払った甲斐があった」と思ってもらうことが大切なのです。**

Chapter 4

稼ぐキャストのお客様の育て方

お客様が同伴に来たがらない理由

キャバクラの世界では、同伴とアフターは避けては通れません。

同伴とアフターをうまく活用できるか否かが、キャストとしての腕の見せどころです。

開店時の客入りは、お店が一番頭を痛めるところです。開店と同時にキャストの時給は発生しています。ところがお客様がいなければ、お店としてはその時間帯は赤字です。

ですから、ほとんどの店で同伴を奨励し、同伴したキャストには同伴ポイント、もしくは1回数千円程度の金銭的バックをつけています。キャストとしては、この制度を活用しない手はありません。

お客様としても、同伴中はキャストを独占できるわけですから、お店でお金を払うより価値があります。いつも指名が重なっている人気のキャストの場合は、その価値も高くなります。なおかつ私服なので、お店とは雰囲気が違ってプライベートに近い状態でキャストと接することができます。

それにもかかわらず、なぜお客様はなかなか同伴をOKしてくれないのでしょうか。それには時間的な理由と、経済的な理由があります。

❶仕事が早く終わらない（時間的な理由）

同伴の場合、どこのお店でも入店時間が決められています。

店によってさまざまですが、決められた時間までに食事などをすませて入店するには、最低でも入店1時間前には待ち合わせなければなりません。

お客の立場からすれば、できれば1時間半以上は余裕がほしいところでしょう。8～9時に入店しなければならないとすれば、最低でも6時半～8時には待ち合わせをしたいわけです。つまり、この時間までに仕事を終えて待ち合わせのできる人でなければ、同伴は難しいということです。

同伴を実現させるには、入店時間までにある程度時間の余裕があるお客様を選ぶか、その時間帯にお客様の仕事が終わるかどうかを確認して営業できるとスムーズです。

❷コストパフォーマンスを意識している（経済的な理由）

せっかくの同伴ですから、男としては少々の無理をしてもいいところへ食事に連れて行きたいものです。また、見栄もありますから、女の子に「お寿司が食べたい！」などと言われて断れるお客様は少ないものです。

しかし、会社の経費を使える人であれば別ですが、少ないおこづかいの中から1人1万円くらいはかかる寿司屋などへ連れて行くのは、とても勇気が必要です。

とくにお客様の感覚としては、キャストとの同伴は寿司、焼肉、しゃぶしゃぶなど、最低でも2人で2万円くらいはかかるというイメージを持っています。なおかつ、同伴のあとには店でのセット料金もかかるわけですから、どうしても尻込みしてしまうのです。

1回くらいなら同伴もよいですが、2回目、3回目になると、エッチ目的のお客様は、「このお金でヘルスかソープへ行ったほうがよい」ということになってしまうわけです。

同伴のコツは「お金のかかる子」と思わせないこと

同伴の際には、あなたはあくまでもプロに徹する必要があります。「せっかくおごってもらうのだから、いいものを食べたい」という気持ちもよくわかります。

しかし、あなたがプロである以上、**高い食事をおごってもらうことではなく、「同伴でポイントを稼ぐ」ことを考えなければなりません。**

1万円のお寿司を食べても、600円のラーメンを食べても、同伴のポイントに変わりはありません。むしろ、お寿司を食べたと思って、そのお金でお店で延長してもらうほうが、ポイントが稼げる分、得策といえます。

同伴の際のお店選びをお客様にまかせてしまうキャストも多いのですが、男性としては見栄もあるため、無理をしてでもいいところへ連れて行きたいと思うものです。

また、先ほど述べたように、男性は〝同伴はお金がかかるもの〟と思っています。ですから、初めての同伴の場合は特に注意が必要です。

お客様に〝この子はお金がかかる〟と思われたら、二度と同伴に応じてもらえません。お客様の負担になり、結局離れていってしまったのでは本末転倒です。そうならないためにも、**あなたから安いお店を指定しましょう。**

金額的には、2人合わせても**2000~5000円くらい**の店を目安にします。

雑誌などで安くて雰囲気のいい店を探しておき、次のような感じで誘うわけです。

「こんなお店を見つけたの。2人で○○円くらいで食べられるみたいよ。行ってみたい！」

「おいしいラーメンが食べたい」

「おしゃれなパスタ屋さん知ってるよ」

「焼き魚が食べたい（＝安い居酒屋がいい）」
「私はそんな高い店でなくても、庶民的な店で十分だよ」

このような同伴を続けていると、ときにはお客様のほうから「たまには寿司でも食べに行こう」と言ってくれるものです。

さらに、実はお客様のほうからすると、同伴のときに安い食事ですませると、「これはエッチできなくても文句は言えないな」と心の奥で覚悟するものです。男の側からすれば、高級な店に連れて行くということは、かなりの自信となるからです。

キャストのほうも、毎回高級店に連れて行ってもらっているうちに、なんとなく申し訳ないという気持ちや、うしろめたいというような心理が少々働き、「たまにはしかたないか」と、つい気を許すことにもなりかねません。

そのような意味でも、安い店を提案して受け入れてもらうことは、キャストにとって大切なのです。

経費で落とすお客様には お店を選ばせてあげる

食事代を経費で落とすお客様の場合は、相手に店を選ばせましょう。なぜなら、一般的に経費で落とす接待などは、パスタやラーメンが出てくる安い店ではなく、それなりの店でするものだからです。

ただし、気をつけなければならないのは、お店での支払いは経費で落としていても、同伴の際の食事代は自腹のお客様もいるということです。逆に、ふだんお店では自腹で払っている人が、食事のときは経費で落とすケースもあります。この点については細心の注意が必要です。なぜなら、通常キャバクラの支払いを経費で落とす際は「接待交際費」という科目になるからです。「接待交際費」は税法上、会社の規模で年間の枠が決められており、それを超えると税金が加算されます。

一方、食事代は通常、「会議費」といった名目で落とす場合が多いものです。「会議費」は税法上の枠がありません。

ただし、食事代でも金額が高いと「接待交際費」になります。目安としては1人あたりの金額が5千円を超える場合は「接待交際費」と考えればよいでしょう。

つまり、経費として5千円以内の飲食費を使うことは会社から認められているが、高額な「接待交際費」は認められていない人、また、その逆の人もいるということです。

親しくなってから使いたい究極の同伴の場所

ここで、究極の同伴のテクニックを伝授しましょう。

私が言う**「究極の同伴」とは、喫茶店へ行くことです**。これなら入店30分前の待ち合わせで大丈夫です。食事などはせず、入店時間にお店の前で待ち合わせる「店前同伴」も究極的な同伴と言えます。

お客様はキャバクラでお酒代を払っているわけではありません。あくまでも**キャストと過ごす時間にお金を払っている**わけです。30分でも長く一緒にいられるなら、同伴料なんて安いものでしょう。しかも、安い喫茶店なら2人で1000円もあれば足ります。

しかし、これらはよほど親しくなってからか、ポイント制などのキャバクラの仕組みがわかっているお客様にしか通用しません。

また、同伴というと「食事」という感覚がありますが、そうとは限りません。お客様が休みの日であれば、少し早めに待ち合わせて映画を観る、ビリヤードやボウリングをする、ショッピングにつき合ってもらうなど、いろいろな活用のしかたがあります。

ショッピングの場合は、「自分でお金は払うから、私に似合うのを選んで」と、あくまでも自分でお金を払うことを前提に誘いましょう。なぜなら、ショッピングに誘われると、通常お客様は「何か買わされる」と思って尻込みしてしまうからです。常連のお客様なら、ショッピングの最中にネクタイでも買ってあげたりするのも、今後のことを考えると効果的です。

基本的に同伴の誘いを断らないのがプロのキャストですが、なかにはどうしても一対一で同伴はしたくないというお客様もいるでしょう。そのようなお客様に対しては、「**私は基本的に同伴はしない。つき合いが長く、たくさんのお客様になってくれたら、同伴も考える**」というニュアンスで断るとよいでしょう。

そのお客様をどうしてもつなぎとめておきたい場合は、ダブル同伴のような2対2や、その日同伴の予定がない同僚を誘って2対1での同伴を試みるのも手です。

同伴で気をつけておきたい5つのこと

キャストと食事だけをして、店には来ないというお客様は結構いるものです。なかには、同伴しても、キャストと一緒に入店せず、どこかで時間をつぶして、あとから来店するというへそ曲がりの人もいます。

もちろん無理強いはできませんが、同伴入店してもらわないことには同伴ポイントはつきません。ですから、何とかお店に来てもらうようにしましょう。

その他にも、同伴では気をつけたいポイントがいくつかあります。

❶お店から徒歩10分圏内の場所で食事をする

せっかく同伴しても、入店時間に遅刻したのでは何にもなりません。店から遠いところで食事をしていると交通事情などで遅刻する可能性もあるため、なるべく近場で食事をします。

❷お客様の車には乗らない

キャバクラ初心者のお客様の中には、「同伴＝ホテル」と勘違いしている男性もいます。よほど信頼のできるお客様以外の車には絶対乗らないようにして、待ち合わせのときには駐車場に入れてから来てもらうようにします。

❸同伴も仕事であるということを意識する

私服で周りに店長もスタッフもいない状態なので、つい気がゆるみがちですが、あくまでも相手はお客様なのだということを忘れないようにしましょう。店外といえども、もう仕事は始まっているのです。

小さな気配りをして、〝同伴は楽しい〟とお客様に思ってもらわなければ、次に誘っても同伴してくれません。また、〝実際はこんな子だったんだ！〟とお客様に思われてしまったのではマイナスです。

❹お客様を嫉妬させる言動はしない

キャバクラの仕組みをわかっているお客様でも、キャストが接している他のお客様に対しては嫉妬するものです。とくに同伴という環境では、お客様はその時間だけでもあなたを独占しているという満足感に浸っています。そんななかで、他のお客様の影を匂わせてはいけません。

また、同伴の最中や入店時に他のお客様と顔を合わせないように、細心の注意を払う必要があります。

❺同伴で飲みすぎない

同伴で食事をすると、どうしてもお酒を飲むケースが多くなります。

お客様は同伴のあと入店して1時間か2時間で家に帰ってしまえばよいわけですが、あなたはまだ5～6時間も仕事をしなければなりません。

どんなにおいしいワインをすすめられても、酔わない程度にとどめておきましょう。このあと何人ものお客様を接客しなければならないのだということを忘れてはいけません。

「落ちそうで落ちない」関係がよいお客様を育てる

同伴とは異なり、アフターはお店にとってメリットはありません。ですから、アフターではポイントも金銭バックもつきません。

一方、お客様にとってアフターとは、時間の限られた同伴とは違い、時間を気にせずデートできる時間です。アフターを誘うお客様のかなり多くは、キャストを口説くこと（もしくはエッチ）が目的なのです。

そして、アフターには、お客様にとって次のような口説くのに有利な条件がそろいすぎています。

- **酔わせることができる**
- **キャストも気がゆるんでいる**
- **時間的制約がない**
- **知っている人が周りにいないので、人の目を気にする必要がない**
- **夜中のバーなどの独特な雰囲気を利用できる**

お客様が何に期待しているかを知れば、わざわざ時間を割いてまでアフターをするメリットはキャストにはないと思うでしょう。

しかし、キャストが何回かアフターを断り続けていると、口説き目的のお客様はキャストに見切りをつけ、さっさと指名する子を替えてしまいます。それを防ぐためには、そのお客様に「**この子は口説けなくてもいいから、長いつき合いをしていきたい**」と思わせなければなりません。そして、それには時間をかけてお客様とのつながりを深いものにしていくしかないのです。

そのためには「落ちそうで落ちない」関係を続けて、時間稼ぎをする必要があります。

本当によい関係をつくっていくには、お店のなかでの限られた時間だけでは無理があります。逆に、ゆっくり時間をかけて話のできるアフターは、よい関係をつくっていくチャンスなのです。

また、エッチ目的ではなく、あなたに癒されたくてお店に通っているお客様に対しても、指名が重なってなかなか話ができない日が続いているときなどは、アフターでカバーしてあげるようにしましょう。でないと、「指名しても5分か10分しかついてくれないのでは意味がない」と、指名替えをされてしまう可能性もあるわけです。

アフターほど、自分をコントロールする力や意志が試される場所はありません。そして、目標をしっかり持ってNo.1に近づいていけるキャストは、ここで、長くつき合えるよいお客様をつくっていくのです。

他の子に浮気させない「癒やし」のアフター会話術

お客様と長くよいつき合いをしていくには、「色恋」ではなく「癒やし」が大切です。それは、いろいろな意味での「信頼」につながるからです。

アフターはその関係をつくっていくには格好の場所ですから、会話にも注意を払いましょう。

効果的なのは次のような会話です。

- **自分の身の上話をする**
- **自分の将来の夢や目標を語る**
- **仕事の目標や意気込みを話す**

- **相手の身の上話を聞いてあげる**
- **相手の夢や目標を聞いてあげる**

このような会話を通じてお互いの人となりを知り、よい関係がつくれたというケースは多いものです。

また、このような会話をされると、男性はだんだんその子を口説けなくなってくるものです。

一流のキャストである以上、また№1をめざす以上、アフターを怖がってはいけません。しかし、決して油断もしてはなりません。

大切なのは、**アフターを通じて長いつき合いができるお客様を育てていくことなのです。**

アフターで気をつけておきたいこと

アフターは基本的に時間無制限です。無制限だからこそ、いろいろなトラブルの原因になるわけです。

アフターでは次の4点について、とくに注意するようにしましょう。

❶ お客様の車には乗らない

アフターは同伴以上に危険がいっぱいです。車に乗れば、どこへ連れて行かれるかわかりません。お客様の車に乗ったらホテルの駐車場に車をとめられて、大ゲンカとなり、結局そのお客様とは切れてしまったという話はよく聞きます。

❷ 酔うほど飲まない

多少アルコールが入るのはしかたないとしても、酔うまで飲んではいけません。また、口説き目的でないお客様でも、無警戒に酔われると、男である以上口説きたくなるものです。

❸ 時間を切る

無制限だからこそ、自分のなかで時間を決めておく必要があります。目安としては1時間半、長くても2時間といったところでしょうか。

お客様に不快な思いをさせずに切り上げるには、初めから「今日は急に用事ができたので、○○時には友だちのところに行かなければいけない」などと言っておくとよいでしょう。

また、マネージャーや担当スタッフに前もって「3時に電話をして」と頼んでおき、「ごめん。マネージャーに呼ばれたから」と切り上げるのも方法です。

❹アフター用のお店をいくつか用意しておく

アフターは、基本的にはこちらからお願いして誘うものではないので、同伴ほどお客様の財布を気づかう必要はありません。

しかし、あまり高価な店をねだると、「これだけのお金をかけるのだから」と、お客様は見返りを期待してしまいます。

また、お店の選択をお客様まかせにしてしまうと、カップル用の個室の店だったりして、口説かれるのを

かわしづらいケースもあります。ある程度リーズナブルで、なおかつ、ある程度ムードのある店を自分なりに探しておきましょう。

プレゼントをくれるお客様の心理

キャバクラの世界では誕生日やクリスマスをはじめ、お客様からプレゼントをもらう機会が多いものです。小さなぬいぐるみから、ブランドもののバッグ、ときには自動車やマンションといったものまで、お客様はさまざまなものをプレゼントしてくれます。

もちろん、プレゼントをもらうこと自体は悪いことではありません。ただ、**プレゼントをきっかけに、お客様と気まずい関係になるケースが多いのも事実なのです。**

キャストにプレゼントをするお客様は、純粋に「与える喜びを味わいたい」と思っていることがほとんどです。その子が「ありがとう」と喜んでいる姿を見たいのです。もちろん、「これだけのものをあげれば、お礼にエッチさせてくれるのではないか」という下心でプレゼントをする男性もいます。

キャストの立場で考えれば、「プレゼントをするのはお客様の勝手だから、そのあとのトラブルは私の責任ではない」ということになるでしょう。

しかし、トラブルになることにより、本来ならそのお客様が稼がせてくれるはずだったポイントを失うとなればどうでしょうか。たかだか10数万円程度のブランドバッグのために、今後の何十万円もの稼ぎを失ってしまうことになるのです。

プレゼントをきっかけに、トラブルに発展するパターンは次のようなものがあります。

・プレゼント攻めにして「すてきなスポンサー」的存在になろうとしたのに、キャストが全然口説かれてくれないと腹を立てるパターン

• 高価な品物を無理してプレゼントしたのに、キャストが全然口説かれてくれないと腹を立てるパターン

• 最初は「与える喜び」でプレゼントをしていたが、ふと我に返り、「これだけの物をあげたのだから、1回くらいエッチさせてくれてもいいじゃないか」という考えに発展するパターン

どれを見ても、バカな考えばかり。

ところが、女性から見ると信じられないようなバカが、男性には結構多いものなのです。お金の問題だけですめばまだよいのですが、悪質なお客様になると、さまざまなイヤがらせをしてくることも考えられます。

ですから、プレゼントをもらう際は細心の注意が必要になるわけです。

お客様がプレゼントしたくなる上手なねだりかた

お客様からうまくプレゼントをもらう一番のコツは、**自分からプレゼントを要求しないことです**。相手の意思でプレゼントしてもらうようにすればよいのです。

マンガのようにおねだりしてみましょう。男性は余計に買ってあげたくなるものです。実際にこのような話をして、次に会ったときに黙ってプレゼントを差し出してくれる男性は案外多いものです。この作戦で買ってくれない場合は、すっぱりとあきらめましょう。

プレゼントをお客様に自分からねだってしまうと、お客様はどうしても「あなたの要求に私は応えたのだから、あなたも私の要求に応えて」という気持ちになってしまいます。つまり、ギブ・アンド・テイクで、見返りを要求する口実をお客様に与えてしまうことになるわけです。

誕生日やクリスマスのように、他のお客様からもプレゼントをもらう場合は「プレゼントをくれたのはあなただけではないから、あなただけの要求に応えることはできない」という言い訳もききますが、それ以外は極力プレゼントをもらわないことです。

トラブルを起こさないためにも、プレゼントをもらう際は最低でも次のことに注意しておく必要があります。

❶ 差し出されても1回は辞退する

誕生日やクリスマス以外のプレゼントを差し出された場合は、必ず1回は「悪いからいいです」と辞退しましょう。

これは相手に与える印象をよくする意味もありますが、あくまで**「あなたが勝手にプレゼントした」という状況をつくるため**です。

「本当にプレゼントを引っ込められたらどうしよう」などと心配する必要はありません。なぜなら、お客様はあなたのために買ってきているから、もらってくれなければ困るので、「いいから受け取ってくれ」ということになるのです。

❷ ほしいものを限定しすぎない

お客様に「何がほしい？」と聞かれたときも、せいぜい「そんなに高いものでなくていいからネックレスがほしい」という程度にとどめておきましょう。他のお客様と品物がダブったらもったいないという考えもありますが、あくまでも**お客様の「気持ち」をもらうという姿勢で接することが大切なのです。**

決して、ダイヤのネックレスがほしいとか、どこそこのブランドの財布がほしいなどといった指定はしないようにしましょう。

そのねらいは、自分は3千円くらいで買えるネックレスでよいというつもりで言ったのに、お客様が勝手にダイヤのネックレスを買ってきた、という状況をつくるためです。

好印象を与えるプレゼントのお返し

どんなプレゼントでも、もらったら必ずお返しをするようにしましょう。
これは相手に与える印象がグッとよくなるのと同時に、「そのプレゼントに対してはちゃんと見返りを渡したよ」という事実をつくっておくためです。

お返しのプレゼントとして意外と効果的なのは、**手作りのクッキーやケーキなどです。**

男性は手作りに弱いものです。あなたが手をかけて、気持ちがこもっていると思うだけで、男性は喜ぶのです。また、手作りのものは、お客様に「女」を再認識させる武器にもなり、まさに一石二鳥と言えます。

とくに誕生日やクリスマス以外のプレゼントをもらった場合は、お返しが大切です。なるべく早いうちに、

「この前のプレゼントのお返し♥」

と言って渡すようにしましょう。

クリスマスの場合は、世間一般の習慣からいっても一方的にプレゼントをもらうものではありませんから、プレゼントを交換するという形をとるのがベストです。

また、誕生日のプレゼントをお客様からもらった場合は、基本的には相手の誕生日にお返しをすればよいでしょう。ただ、高価な物をもらった場合や、相手の誕生日が何ヶ月も先だという場合は、早いうちにお返しをしておきましょう。

お返しの品物は、もらったプレゼントの3分の1程度の金額のものが理想と言われますが、金額にこだわる必要はありません。数千円のネクタイでお返しする程度でかまわないでしょう。

その気にさせるＬＩＮＥ営業術

スマートフォンの普及により、メールよりもＬＩＮＥを使ったコミュニケーションをとる人が多くなってきました。キャバクラの営業においても、ＬＩＮＥが主流になりつつあります。そこで、ＬＩＮＥによる営業について触れておきましょう。

お客様に送るＬＩＮＥはあくまでも営業ですから、最終的にはお客様に来店してもらうよう促さなければなりません。具体的には、**世間話を含め、気持ちを通じさせるためのメールが主で、その中にポイント的に営業を入れるようにします。**

２ヶ月に１回しか来店しないお客様に毎日連絡しても、あまり意味はありません。逆に、週に１回来店するお客様に対して、週に１回の連絡では少なすぎます。

ですから、１人ひとりのお客様によって、どれくらいのサイクルで連絡するかを決めておく必要があります。目安としては次のような感じです。

- **週2回以上来店するお客様　→　週3回以上〜ほぼ毎日**
- **週1回来店するお客様　→　週2回以上**
- **月2回以上来店するお客様　→　週1回以上**
- **月1回以上来店するお客様　→　月2〜3回以上**
- **そのほか　→　月2回以上**

注意すべき点としては、むやみやたらに来店を促す営業をするのではなく、まず今のペースで確実に来店してもらうことを第一に考えるということ。第二に、時間的・経済的に余裕があるお客様に関しては、今のペースより1回でも2回でも多く来店してもらうことを目的にすることです。つまり、**メールの度に来店を促すのではなく、普段は友だち感覚でつなぎ止め、そろそろ来店の時期かな？　と思うところに来店を促すようにすれば良いわけです。**

営業のＬＩＮＥを送るのに効果的な時間帯

お客様とキャストでは生活の時間帯が違います。ですから、ＬＩＮＥやメールも時間帯を考えて送らなければなりません。

❶ 12〜13時

この時間帯はキャストは寝ているかもしれませんが、お客様は昼休みをとっている可能性が高いです。つまり、着信があればその場で見てくれますし、内容によっては返事をしやすい時間帯なのです。

❷ 15〜17時

この時間帯は、お客様はまだ仕事中。即座に返事を返すということは無理でしょう。ただ、これくらいの時間から、「今日はどこに行こうか」と考えている人は多いものです。そのため、**今日来てほしいという場合は、この時間帯に営業LINEを送るのが効果的です。**また、その日同伴の予定になっているお客様には、確認を兼ねて連絡するとよいでしょう。

❸ 17〜19時

仕事によっても異なりますが、お客様がそろそろ仕事を終え、会社を出る時間帯です。その日に来店予定のお客様には、この時間帯に確認を兼ねて連絡するとよいでしょう。

❹ お店の営業時間中

営業時間中に来店依頼のＬＩＮＥをするのは、よほどせっぱ詰まったとき以外は避けたほうがよいでしょう。
また、営業中はいつ接客につくかわかりませんから、お客様から返事が返ってきても対応することができません。あくまで一方通行のＬＩＮＥを意識するようにしましょう。

❺閉店後〜あなたが寝るまで

お客様は就寝中です。寝るときに携帯をどこに置いているか、着信音は切っているかなどのお客様の状況を把握してから送るようにしましょう。ただ、妻帯者であればＬＩＮＥをするのは避けたほうが無難です。この時間に送ると、ひょっとしたら浮気相手ではないかと奥様に疑われるからです。

ＬＩＮＥはあくまでも電話の代用です。電話でもかまわないというお客様には、やはり電話で営業するほうが効果的です。せめて**大切なお客様だけには、ＬＩＮＥの合間に電話をかけるようにしましょう。**

お客様を喜ばせるLINEスタンプの使い方

LINEの最大のメリットは何といってもスタンプです。メールでの絵文字と違い、スタンプ一つで相手に気持ちや意思が伝わるのはすごいことです。有効活用しない手はありません。

例えば、相手に感謝を伝える場合、

「ありがとう♥♥♥」

と絵文字のハートマークをつけたうえに、次ページの猫のようなスタンプをつけるだけで、あなたの喜んでいる様子がお客様に伝わります。

進ちゃんっ♥♥♥
昨日わありがとうございましたぁ♥♥久しぶりに会えてスーパーめちゃくちゃうれしいです～☆*:.｡o(≧∀≦)o｡.:*☆
忙しそうだけど、一緒にご飯行ったりしたいです～♥
また行ける時とかあったら、教えてほしいです～♥♥♥

既読
14:32

既読
14:33

はーい。今度誘います。

既読
14:52

このＬＩＮＥを送るだけでお客様はイベントに来たくなる

イベントの集客はキャストにとって頭の痛い問題ですが、ＬＩＮＥをうまく使って集客を図ることができます。

例えば、コスプレイベントの場合、次のようにお客様に候補の衣装の写真をメッセージに載せて「どっちがいいかなあ？」と聞いて選んでもらいましょう。お客様と一緒にイベントを作り上げていくことで「せっかくだから見に行こうか」と思わせるのです。

また、イベント当日、もしくは2～3日間のイベントであればその期間中に臨場感のある写真を載せて来店を促す方法もあります。

既読
17:48

進ちゃん♥
コスプレこの２つだと、
どちらがぃぃと思いますか～（°▽°）？

既読
17:48

既読
17:48

既読
16:38

進ちゃんっ♪♪♪
今日と明日、コスプレイベントやってまーす！
是非来てくださーい！

既読
16:38

ワオー！

既読
16:45

////////
絶対来てね！！！♥♥

親しくなったお客様にスタンプだけで営業する方法

これはかなり親しくなって、何でも言える関係になったお客様への営業ですが、スタンプをうまく使うことで、**お客様が「仕方ないなあ。今日行くかあ」と思わず思ってしまうような展開にすることができます。**

このスタンプを送れば、多分相手はこんな感じのスタンプを返してくるだろうななどと、キャストの気持ちを予想しながら次のスタンプを何にするのか考えるというのは、なかなか楽しいものです。お客様もスタンプなら簡単に送れるので、ついつい遊んでしまいます。次のように、スタンプだけで話が弾んで、思わずキャストの営業に負けてしまうのです。

進ちゃん♥
今日か来週、空いている日ある？
同伴してー
既読
14:08
却下！
既読
14:10
今日は？
焼肉か焼き鳥食べよー
既読
14:10

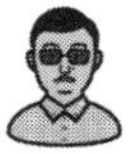

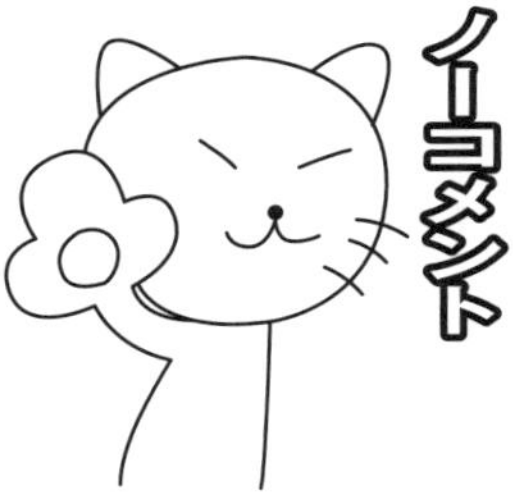

既読
14:15

ねーねー

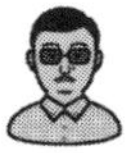

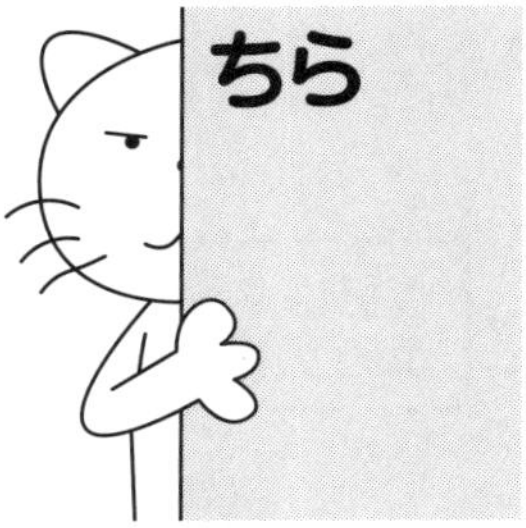

既読
14:20

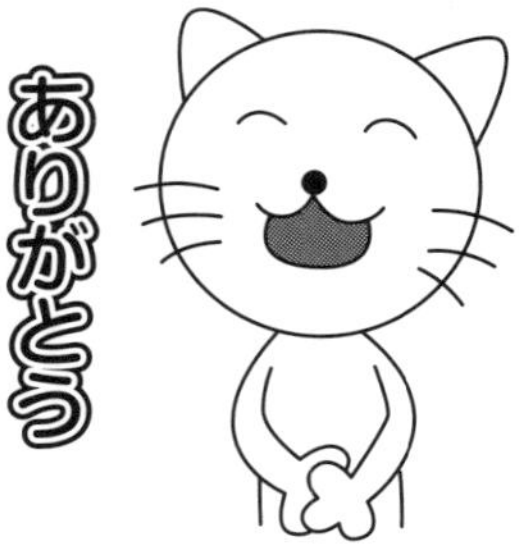

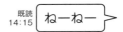

既読
14:23

既読
14:23

既読
14:25

既読スルーするお客様に使えるLINE営業テクニック

久しく来店されていないお客様や、普段メッセージを送っても返事がないお客様には、**相手が「え？　どうしたの？」「何かあった？」と思うようなスタンプを一つだけ送って相手からメッセージが来るのを待ってみる**のも面白いかもしれません。

これは私が実際受けた営業ですが、連絡していなかったキャストから久しぶりにLINEが入ったので見てみると、なんとスタンプひとつだけ。何もメッセージがついていませんでした。しかも送られてきたスタンプは、かわいい犬が耳を抱えて泣いているものです。

これは何かあったのかなと思い、思わず「どうしたの？」とメッセージを送りました。

すると、

「最近連絡しても返事くれないんだもん」

と返ってきて、それから色々とメッセージのやり取りをしているうちに、まんまと同伴の約束をさせられてしまいました。

既読になっても返事がなかなか返って来ない場合は、ダメ押しのスタンプをもう一つ送ってまた様子をみてみましょう。

それでも返事がない場合は、その日は諦めて、数日経ってから同じ作戦をしてみましょう。既読になってさえいれば、返事がなくてもつながっているお客様です。何かのきっかけで返事を送ってくれる可能性もあります。

メールと違い、ＬＩＮＥは文章に悩む必要はありません。

スタンプをひとつ送るだけで、お客様とつながることができるのです。

LINEで営業するときの注意点

LINEは使いこなすと非常に便利で、コミュニケーションもとりやすいツールです。しかし、注意すべき点がいくつかあります。

❶ トラブルがあったお客様は「友だち追加」しない設定をする

まず、LINEの場合、登録した段階で、以前電話番号を教えていた人全てにあなたがLINE登録したことを教えてしまいます。

以前トラブルがあって連絡を途絶えさせていたお客様からLINE登録した途端に連絡があって困ったという例をよく聞きます。登録の際は**「友だちへの追加を許可」のチェックを外す**など、設定に注意しましょう。

❷「既読」のタイミングに気をつける

また、LINEトークでは、送信した内容を相手が読んだかどうかを確認する「既読」機能がついています。面倒なお客様から来たメッセージを無視していたら「どうして返事をくれないんだ！」と、何回もメッセージが入るといったトラブルも聞きます。メールであれば「忙しくてメール見てなかったの」と言っていた言い訳が、LINEでは使えないので困ったものです。

クラブやラウンジのように遊び慣れているお客様を相手にしているホステスは今はLINEをメインにお客様とやりとりしているケースが多いのですが、キャバクラのお客様の場合は注意が必要です。

ガラケーと2台持ちにして、初めてのお客様にはガラケーのアドレスを教え、親しくなってからスマホにしたと言ってLINEを使うようにするキャストもいます。

最初からLINEでやりとりする場合、親しくなるまでは「私昼間は学校へ行っているので、スマホ見れないから、メッセージ送ってもらってもすぐ返せないかもしれないけど」

といった言い訳をして、**昼間はあまり返事できないということをはじめに言っておくといいでしょう。**

キャストの場合、夕方からはお店とのやり取りの連絡や、出勤準備で忙しくてといくらでも言い訳はできます。既読になってもすぐに返事を返せない言い訳を考えておくといいでしょう。

ただし、これは既読になってもすぐに返事が出来ない場合の言い訳ですので、お客様からＬＩＮＥメッセージが来たら、なるべく早く返事をするように心がけましょう。

おわりに

Epilogue

以前、私が指名していたあるキャストからこんな話を聞きました。

「私のお客様でAさんって人がいてね、私その人のことが嫌いで、いつもイヤだなぁって思いながら席に着いていたんだ。だけど、昨日久しぶりに来たと思ったら、『地方への転勤が決まったから、もうこの店には来られなくなった。短い間だったけど、きみに会えて楽しかったよ。ありがとう』て言うの。私、自分でも意外だったんだけど、あれだけイヤな人だったのに、それを聞いたら何か寂しくなっちゃって、自然と涙が出てAさんの前でボロボロ泣いちゃった」

キャバクラという世界は不思議な世界です。心のなかでどう思っていようが、キャバクラというスペースではまったく別の世界が生まれるのです。このキャストも本心は「この人嫌い」と思っていても、実際の接客ではその人と楽しい時間を演出していたのでしょう。そこには様々な会話のやりとりがあり、さまざまな思い出もあったのでしょう。そんなことが頭を駆け巡り、自然と涙が溢れてきたのだと思います。

キャバクラで働く女性のことを「ホステス」と呼ばず、いつの間にか「キャスト」と呼ぶようになりました。「キャスト」とは『配役・役者』という意味です。つまりキャバクラで働く女性は単に給仕をして接客するだけではなく、キャバクラという舞台でお客様が求める女性を演じて夢を与える女優だということです。映画やドラマの女優は、相手役の男優がたとえ嫌いなタイプであっても、見事に恋する女性を演じてみせます。キャバクラのキャストも、キャバクラという空間のなかでは、どんなにイヤな相手でも、楽しい時間を演出するのがプロの仕事です。

しかし、そんなキャバクラの世界は、キャストにとって、ストレスの溜まる仕事であることは間違いありません。私の周りの№1キャストが愚痴をこぼすとき「何で私のお客様はあんな人ばかりなんだろう！　もう頭にくる！　どうしてここまで我慢しなければいけないの？」と、よく言います。私はそのたびに「それがあなたの仕事だよ。他の女の子以上に苦労しているから№1なんだし、それだけの収入を得ているんだよ。この仕事は苦労と収入が比例する仕事なんだから」と言います。

キャバクラという仕事をしていく限り、イヤなこと・辛いことは数知れずあります。他の仕事では計り知れないストレスだと思います。でも考えてみれば、ひと月に普通のＯＬの10ヶ月分の給与を稼ぐキャストであれば、普通のＯＬの10倍の苦労とストレスがあって当たり前なのです。お金を稼ぐということはそういうことだと思います。

精神的にスランプに陥ったときは、「苦労している分だけ夢に近づいている」と思いましょう。しっかりした目標を持っていれば、少々イヤなことがあっても、それだけ目標に近づいているのだと気持ちを切り替えることができます。「1千万円お金を貯める」「自分のお店を出す」。キャバクラの世界に入ったときに立てた目標・夢を思い出してください。そうすれば、苦労している分だけ夢に近づいているのだということを実感できると思います。その苦労はお金だけではなく、いろいろな形で報われます。様々な人と出会い、たくさんのドラマがそこにはあります。それらの経験は決してお金では買えないものです。何よりも、お客様の笑顔をあなたが作り出すという喜びは、他の仕事では味わえない醍醐味です。

あなたの夢を叶えるためにも、そしてお客様の夢をかなえるためにも、あなたがキャバクラの仕事を好きになり、誇りに思えるキャストになっていただきたいと思います。

本書を手にとって頂き、読了いただいたことで、あなたの夢がまた少し近づいてきたことを確信しております。

またキャバクラでお会いしましょう。

飲んでいたお酒の種類・銘柄

吸っているタバコの銘柄

来店しやすい日

連絡をしていい時間帯・曜日

趣味・休みの日の過ごし方

職業・仕事内容

話した内容

Memo

・ 顧客管理メモ ・

名前

呼び方

連絡先

誕生日

初来店日

初指名日

出身地

見た目の特徴

既婚者・独身

住んでいる場所

支払金額

誰と来たか

木村進太郎 Shintaro Kimura

1964 年東京生まれ。さまざまな職業を経て、現在はサービス業を中心とした経営コンサルタントとして活躍中。同時に、世界各地の歓楽街のフィールド調査も続けている。

キャバクラに黎明期から通いはじめ、キャバクラ歴は 28 年を超える。東京・名古屋・大阪を中心に全国 50 店舗以上のキャバクラに通い、№ 1 キャストになる秘訣に興味を抱く。その後、指名を№ 1 キャストに絞り、彼女たちの接客術と魅力について探求し、人気キャストの法則を見出す。

近年は新人キャストの育成にも興味を持ち、水商売初心者の新人キャストを、1 年半かけて№ 1 キャストに育てるのを皮切りに、数々の新人キャストをトップ 10 入りするキャストに育てた実績を持つ。

著書に『年収 3000 万円を稼ぐ№ 1 キャバクラ嬢の“ちょっとした”習慣』『キャバクラの教科書　Silver』『キャバクラの教科書 Gold』『キャバクラ道場－入門編－』『明るい風俗探検隊』（いずれも総合法令出版刊）などがある。

装丁デザイン　土屋和泉
本文デザイン　飯富杏奈（Dogs Inc.）
図表・DTP　横内俊彦
カバーイラスト　アサミネ鈴
イラスト協力　トレンド・プロ
本文マンガ・イラスト　あうら
写真　shutterstock

マンガでわかる
キャバクラ嬢の心得

2017年2月7日　初版発行

著　者　木村進太郎
発行者　野村直克
発行所　総合法令出版株式会社
〒103-0001 東京都中央区日本橋小伝馬町15-18
ユニゾ小伝馬町ビル9階
電話　03-5623-5121
印刷・製本　中央精版印刷株式会社

落丁・乱丁本はお取替えいたします。

ISBN 978-4-86280-539-3
総合法令出版ホームページ　http://www.horei.com/
本書は2010年4月に刊行された『マンガでわかるキャバクラの教科書』に加筆修正したものです。